世界経済危機をどう見るか

世界経済危機をどう見るか／目次

装幀　比賀祐介

はじめに

2008年9月のリーマン・ショックによって、世界経済・金融危機が爆発した。世界経済と国際金融市場は大混乱に陥ったが、即座に欧米政府による膨大な財政出動が断行されるとともに、欧米の中央銀行は、金融機関に対して巨額の流動性を供給することを宣言した。その結果、09年の春頃になると国際金融市場はとりあえず落ち着きを取り戻した。

このリーマン・ショックを契機にして、アメリカの投資銀行を中心として、大規模な金融再編が進んだ。破綻したリーマン・ブラザーズを除く四つの大手投資銀行は、大手銀行の傘下に入るか、あるいは銀行を含む銀行持ち株会社に組織変更した。世界経済・金融危機が本格的に終結すれば、再び専業投資銀行に回帰するかもしれないが、現状では、専業の大手投資銀行（日本の証券会社）は世界で日本の野村証券だけとなった。

100年に一度といわれる世界経済・金融危機は、アメリカにおいてサブプライム（信用力の低い借り手への住宅ローン）危機として勃発し、それが世界に波及することで深刻化したといわれている。世界経済・金融危機の原因である住宅バブルはアメリカを中心に発生したが、それは、住宅ローン債権の証券化商品が世界中に売却されたことによって可能となった。だが、信用力の低い借り手にまで住宅ローンを提供したために、住宅市場が調整局面を迎えていたところに、リーマン・ショックが発生し、証券化商品市場はパニック状態に陥った。

ところが、世界経済・金融危機の深刻さは、住宅バブルの形成・崩壊がアメリカにとどまらないところにある。じつは、ヨーロッパでもアメリカよりもむしろ先行して住宅バブルが発生したからである。ヨーロッパでは、ユーロの導入や東欧のEU加盟などが契機となって住宅バブルが発生し、これがアメリカの住宅バブルにより、さらに激しいものとなった。世界経済・金融危機が100年に一度といわれるのは、アメリカとヨーロッパという住宅バブルの「重層的構造」が崩壊する過程だからであり、そう簡単には終息することはないだろう。

サブプライム危機の勃発を契機に、アメリカ型経済・金融モデルが破綻するとともに、米ドル一極支配体制が崩壊しつつある。これからの経済システムは、アメリカのような金融「工学」を駆使するバブル型経済成長ではなく、ヨーロッパのように地球環境保全型経済システムの構築といいもの作りに徹する市場拡大型経済成長に転換するであろう。

企業は、いままでのように単に利潤の量だけではなく、地球環境や社会（雇用や社会貢献など）に配慮した上で利潤の量を追求するということになるであろう。企業の社会的責任（CSR）といわれるものであるが、これが徹底されるようになる。

日本は、アメリカ型経済・金融モデルを放棄し、アジア共同体結成に尽力し、地球環境と調和のとれたアジアの経済成長と諸国民の生活水準の向上、かたくななまでに安全でいいもの作りに徹する経済システムを志向しなければならない。

アジア共同体が結成されれば、ＥＵ（欧州連合）とアメリカという世界の三大勢力の均衡、すなわち天下三分の計が成立する。そうすれば、アメリカは、超絶的な軍事力を保持することはできなくなり、国民に優良な消費財を提供しなければならなくなる。かくして、平和で本当の意味で豊かな世界が歴史上初めて登場する。

本書では、世界経済・金融危機を資本主義に大転換を迫るもの、すなわち21世紀初頭大不況ととらえて、その原因と本質を明らかにし、これからの経済システムのあり方について考察してみたい。

本書の出版にあたって、時潮社の相良景行社長には大変お世話になった。深くお礼を申し上げる次第である。

２０１０年2月

地球環境と人間に優しい社会を求めて

相沢幸悦

序　章　資本主義における第三の大転換期

1　2008年世界経済・金融危機

バブル経済の二類型

資産価格が実体経済から著しく乖離して暴騰するバブル経済には、1980年代末に日本で発生した不動産バブルのような銀行融資による間接金融型バブルと、1990年代末のアメリカの株式バブル、2000年代初頭の住宅バブルのような証券市場を通じて発生する直接金融型バブルという二つの類型があると考えられる。ヨーロッパで発生した住宅バブルは、銀行による巨額の住宅ローンの供与によって発生したものであって、間接金融型バブルの類型に分類される。

銀行が膨大な不動産融資を行なって発生した日本の不動産バブルが崩壊すると、必然的に銀行は、200兆円ともいわれる天文学的規模の不良債権を抱えることになった。損失は100兆円ともいわれ、これを償却するのに10数年かかったので、平成大不況が長期化した。おそらく、間接金融型バブルが崩壊したヨーロッパの不況も長期化するであろう。

ところが、証券市場が発達したといわれているアメリカでは、銀行が住宅ローンなどを供与しても証券化して売却するので、たとえ住宅バブルがはじけても損失を被るのは投資家であって、銀行に膨大な不良債権が堆積することがない。したがって、たとえ住宅バブルが崩壊しても、日本のような長期不況に見舞われることはないといわれてきた。

ところが、世界経済・金融危機は、アメリカも原則として広い意味では「間接金融型バブル」であったことによって発生したと考えることができる。

たしかに、銀行などは大量の住宅ローン債権を売却することができた。たとえリスクの高いサブプライムローンなどを含んだ証券化商品、すなわちサブプライム関連金融商品であっても、金融「工学」を駆使すれば、高格付けの金融商品に「変身」させることができたからである。しかも、「ローリスク・ハイリターン」という金融論の常識を根本から覆す金融商品がどんどん組成されたので、銀行自身も膨大なサブプライム関連金融商品投資を行なった。

要するに、サブプライム関連金融商品を購入するということで、住宅ローンを迂回して銀行（および投資専門の子会社）が抱えたのである。しかも、銀行ではない住宅ローン会社がせっせと貸し付けた住宅ローンも証券化商品の形で迂回的に抱えた。したがって、アメリカの住宅バブルも「間接金融型バブル」の変形であるということができる。

したがって、世界経済・金融危機は、日本の平成大不況と同じように、ヨーロッパの銀行だけでなく、アメリカの金融機関も膨大な不良債権を抱えているので、長期化するものと考えられる。

危機の発生メカニズム

第二次大戦後の冷戦下でアメリカは、軍事技術を中心とするハイテク技術の開発に注力せざるをえなかった。したがって、日独が資本主義陣営の消費財生産を担った。

同時に、IMF体制に基づいて「紙」幣ドルを金に擬制（対外国通貨当局に対する金1オンス35ドルでの交換）して、世界中に散布し、資本主義世界の高度成長を実現した。資本主義諸国は、社会主義の「脅威」に直面していたので、1971年にアメリカが金ドル交換停止という形で、ドルの金への擬制が崩れても、「紙」にすぎないドルを受け取った。

ところが、1991年にソ連邦の崩壊で冷戦体制が崩壊するとともに、同年末にEU首脳会議で99年にユーロを導入することが合意されると事態は一変した。世界がドルの受け取りを拒否する可能性が出てきたのである。戦後、アメリカは、ハイテク産業の育成・発展に注力し、消費財産業の国際競争力が低下してきたので、膨大な貿易赤字を抱えていた。世界がドルを受け取らなければ、アメリカは消費財を調達できなくなってしまう。

そこで、ハイテク技術開発の成果であるIT革命を進めながら、金融セクター主導の経済成長を志向し、世界中の資金をアメリカに吸収する戦略を構築した。それが、株式・住宅バブルであった。1995年のドル高政策によって株価が高騰し、2000年初頭には、政府の住宅市場振興策や中央銀行FRB（連邦準備制度理事会）の金利の引き下げなどもあって、住宅価格が高騰していった。おかげで世界中から投資資金が殺到した。ドルの「信認」は盤石なものとなった。

住宅バブルは、住宅ローン債権を証券化した金融商品が飛ぶように売れたので、低所得者層まで住宅ローンが提供できるようになったことで発生した。リスクの高い住宅ローンを証券化した金融商品であったとしても高格付けが付けられたので世界中で飛ぶように売れた。

さらに、証券化商品投資での損失を保証してくれるCDS（クレジット・デフォルト・スワップ—保証料を支払って投資の損失を補填してもらう）を契約していれば、そのかぎりでは「リスクフリー」となる。そんなことは本来ありえないはずなのに、証券化商品やCDSの取引が世界中で天文学的規模に至ったのはその為であろう。

したがって、住宅市場が反転することによって、「リスクフリー」であったはずの証券化商品に凄まじいリスクが生じた。これが世界経済・金融危機発生のメカニズムである。

2　欧米の住宅バブルの生成と崩壊

欧米の住宅バブル

アメリカで株式バブルや住宅バブルが発生したのは、戦後、軍事・ハイテク技術開発に特化したアメリカが、ドルの信認を確保する必要があったということと、もう一つは、新自由主義の台頭によるものであった。1970年代初頭のオイル・ショックによって、インフレが高進するとともに不況が併存するスタグフレーションという事態が生ずると、ケインズ政策が破綻し、新自由主義的な経済政策が台頭した。

1980年代には、レーガン政権が新自由主義的な経済政策を遂行し、90年代に入ると金融規制緩和・撤廃がさらに徹底的に行なわれ、世界的に金融収益の獲得を可能にすべくグローバリゼーションが進展した。金融機関の業務規制も緩和・撤廃され、金融「工学」に基づく金融業務を手掛ける世界「最強」のアメリカ金融業が形成された。

アメリカでの金融業の収益向上のために、投資銀行のレバレッジ規制（借り入れの制限）が撤廃され、投資銀行は膨大な収益を確保することができた。投資銀行は、住宅ローン債権の証券化商品を組成・販売するだけでなく、みずからも巨額の証券化商品投資を行なった。

金融・資本市場に甚大な影響を与えているものの、事実上野放し状態にあるデリバティブ取引も規制すべきであるという意見がアメリカ政府の内部から出てきたにもかかわらず、規制はまったく行なわれなかった。アメリカは、ヘッジファンドについても、規制すべきであるというヨーロッパ大陸諸国の声にほとんど耳を貸さなかった。

このように、世界中の投資資金が住宅ローン債権の証券化商品投資に投入されたので、膨大な住宅ローンが低所得者層にまで供給されるようになり、住宅市場が活況を呈した。しかし、２０６年末にもなると住宅市場も変調をきたし、住宅バブルが崩壊していった。

ヨーロッパの銀行は、アメリカの証券化商品への膨大な投資を行なうとともに、西欧と東欧でも住宅バブルが発生した。イギリスでは、１９７０年代末に成立したサッチャー政権における新自由主義的な経済政策の帰結として、アメリカとほぼ同時期に住宅バブルが発生した。

西欧の住宅バブルは、１９９９年のユーロ導入が大きく影響している。ドイツ・マルク並みの強い通貨としてユーロが導入されたので、弱い通貨国であったスペインや、フランス、アイルランドなどで住宅ローン金利が著しく低下した。そうすると、旺盛な住宅需要が生まれ住宅価格が高騰した。ちなみに、ドイツは、１９９０年のドイツ統一を契機に住宅バブルが発生したので、その後始末に手間取り、この時期に住宅価格はほとんど上昇しなかった。

東欧では、さらに激しい住宅バブルが発生した。ＥＵへの加盟で東欧諸国の信用力が高まったので、西欧銀行から膨大な資金が流入した。本来であれば、インフラ整備や産業育成のために投入されるはずであるが、手っ取り早く住宅市場に流入したのである。

問題は、膨大な住宅ローンを提供した東欧の銀行に資金を供給したのがオーストリアの銀行であり、その融資規模はじつにＧＤＰ比で70％の規模に達していることである。バルト三国に大量に貸し込んだのはスウェーデンの銀行である。これらの銀行にイタリア、スペイン、フランス、ドイツなどの銀行が大量の資金を供与した。

欧米住宅バブルの崩壊

2007年8月にフランス大手銀行BNPパリバが傘下のファンドの償還を凍結すると欧米の住宅バブルの本格的な崩壊が始まった。09年9月のリーマン・ショックで世界経済・金融危機が勃発した。欧米政府と中央銀行による対応は極めて迅速であった。日本の平成大不況に対する政府・日銀の政策の失敗が「反面教師」として大いに役立ったからである。

欧米政府は、取り付け騒ぎによる銀行の連鎖的破綻を回避するために、預金保険による保証額の引き上げをただちに発表した。

欧米の中央銀行は、銀行間市場に大規模な資金供給をする用意があることを宣言した。これには、1997年11月に「会社更生法」の適用を申請して倒産した三洋証券の教訓が生かされている。三洋証券倒産によって、銀行間市場で資金回収ができなくなった銀行が、危ない金融機関に資金を出さなくなってしまった。それが、銀行間市場で資金を取れなくなった北海道拓殖銀行と山一証券の経営破綻に繋がったからである。

日本では、1998年まで待たなければならなかった巨額の公的資金の投入が、すぐに可能となったことが極めて重要である。ただし、本来であれば、公的資金は、不良債権の買い取りに投入されるべきであるが、実際には、主として金融機関への資本注入に投入された。

欧米の中央銀行は、日本銀行が平成大不況の末期に、いやいや行なった実質ゼロ金利や信用緩和（日本は量的緩和）をただちに実施した。大規模な流動性の供給の宣言、企業のCPの購入、証券化商品や長期国債の購入などを行なった。おかげで、アメリカの中央銀行FRBは、それまでの1兆ドル弱の資産規模からわずか半年で2兆ドルあまりにまで膨れ上がった。

IMFの2009年9月の試算によれば、貸し出しや保有有価証券の劣化などにより世界の金融機関が、2007年から10年にかけて被る損失は、約3兆4000億ドル（約306兆円）になるという推計を発表した。この推計の信憑性はともかく、日本の平成大不況のように、金融機関が膨大な損失を抱える不況は長期化することは間違いないだろう。

とくに、東西ヨーロッパでの住宅バブルが崩壊したことによって、深刻なヨーロッパの金融危機の勃発が懸念されている。

西欧諸国の金融機関は、アメリカと西欧の住宅バブルの崩壊で深刻な打撃を受けている上に、住宅バブルが崩壊した東欧諸国では、西欧諸国の景気の低迷によって、さらに景気の低迷が懸念されているからである。もし、東欧諸国で深刻な経済・金融危機が発生すれば、東欧諸国に資金を提供したオーストリアやスウェーデンなどの金融機関が深刻な経営危機に陥る。そうすると西欧諸国の金融機関も深刻な経営危機に見舞われる可能性が高い。

こうした世界経済・金融危機は、それまでの世界の政治・経済運営の工業国主導から新興諸国・資源国主導に大転換させた。G7からG20（金融サミット）への移行がそれである。G20は、秩序ある国際金融市場の形成の為、投機資本の規制、過度の自由化の見直し、投資家保護や監督体制などの金融規制を強化することで協調していくことになった。

3　世界史の大転換

世界史の転換

世界経済・金融危機を現代の「世界恐慌」とみることも不可能ではないが、資本主義の構造の質的な大転換を迫るものであると考えると、21世紀初頭大不況と規定した方がより正確であるように思われる。すなわち、シュンペーターがいうように「資本主義はその成功によって滅ぶ」とすれば、滅んだ後の経済・社会構成体はもちろん資本主義ではない。だが、かぎりなく「社会主義」に近づくだろうが資本主義である。それでも、資本主義であるが資本主義ではない。

シュンペーター流にいえば、資本主義は、軽工業から鉄道へ、電気・自動車というイノベーション（新結合、技術改新）によって発展してきた。

19世紀末大不況というのは、軽工業から重化学工業への転換を促した不況であり、1929年大恐慌（第二次大戦まで）は、国家が経済に強力に介入してハイテク産業を発展させることを迫る大恐慌であった。ハイテク産業は戦後の冷戦という「世界戦争」によって飛躍的に発展し、科学・技術は、遺伝子組み換えという「神」の領域を侵害するまでに至った。

ハイテク技術開発の成果は、1990年代にIT革命として「全面開花」した。それは軍事的要請で開発されたインターネットが世界的に普及するということで進行した。このIT革命が、同じくハイテク技術開発の成果である金融「工学」で武装した金融業と結合することになった。

投資銀行は、証券化商品の組成・販売などトレーディング業務を積極的に手掛けるとともに、CDSなどのさまざまなデリバティブ取引が行なわれるという新たな「金融革命」が進行した。これらが未曾有のアメリカの住宅バブルを招来したのである。

この「金融革命」の必然的帰結として勃発した世界経済・金融危機は、もはや資本主義における景気循環の一環としての恐慌ではなく、資本主義の構造の質的大転換を迫る大不況であるとみるべきである。

イノベーションは、ハイテク技術で終了したと考えられる。そうだとすれば、これからの資本主義は発展しないことになるが、おそらくイノベーションの性格が変化し、地球環境保全技術革新と高品質（安全）・中機能・低価格製品製造の為の技術革新によって経済は「成長」していくだろうと思われる。

大量生産・大量消費で「発展」する資本主義は、大量廃棄や資源の浪費を前提とするもので、その「発展」の必然的帰結は絶望的な地球環境の破壊である。したがって、地球環境の保全は、人類に課せられた世界史的使命である。同時に、経済「成長」の中心は工業国から、新興諸国・資源国に移行する。それは、ハイテク段階の帰結として、金融投機だけでなく実物投機も活発に行なわれるようになったからである。

現物投機によって原油・穀物・資源価格が高騰してきた。これからも収益機会を求める投機が収まることはない。とすれば、工業国の生産コストが上昇し、企業収益が減少していく。低コストを求めて、新興諸国に生産がますます移転するし、資源国に工業国からの所得移転が行なわれる。その結果、工業国の産業構造は、地球環境保全に最大限配慮しながら、高品質（安全）・中機能・低価格の製品を提供できるように大転換せざるをえなくなる。かくして、地球環境保全と工業国以外の経済「成長」の為に、世界的な経済・産業構造の大転換が急速に進行する。

ＩＴ革命の進行によって、多品種・少量生産が可能となるとともに、マーケティング技術の向上で、過剰生産と資源の浪費がかなり回避される。株式の分散所有により、いわゆる「資本家」がいなくなり、賃金の引き上げや労働条件の向上、長期休暇などで労働者の凄まじい「搾取・収奪」も過去のものとなれば、もはや資本主義とはいえなくなってしまう。

市場の果たすべき役割

これからは、世界経済・金融危機を契機に地球環境保全型経済システムに大転換していく。エネルギーという産業基礎構造が大転換するとともに、企業は、省エネルギー・省資源・ゼロエミッション・有害物資の処理などを前提とする経営が強制され、製造される製品も地球環境に優しいものでなければならない。

このような経済・産業の基礎構造の大転換を強力に推し進める重要な主体の一つが投資銀行である。本来の投資銀行業務であるM&A、企業再生、証券発行・引受業務、経営コンサルティング業務などが大いに求められるのである。

世界史の現段階において、投資銀行に求められる歴史的業務は、社会的責任を果たす企業を応援することである。これからは、地球環境保全と雇用を含む社会的貢献を実現した上で多くの利益を確保する企業しか生き残ることができない。このような社会的責任を果たす企業だけの株式を組み込んだSRI（社会的責任投資）ファンドが大量に組成・販売され、これが普及していけば、地球環境と人間に優しい経済システムが構築できるだろう。ここに、投資銀行（証券会社）の歴史的使命がある。

第一章　冷戦体制と戦後のアメリカ経済

1　戦前・戦後のアメリカ経済

戦前のアメリカ経済

アメリカは、19世紀末にドイツとともに重化学工業の母国として、世界史の表舞台に登場した。すなわち、アメリカとドイツでは、鉄鋼、化学、電機、自動車など世界一流の重化学工業が確立した。しかしながら、アメリカには、広大なフロンティア、国内市場があったので、ドイツと違って、市場分割のための世界戦争に加わる必要はなかった。

フォード・システムの導入により、第一次大戦後には、自動車産業が爆発的な発展を遂げた。最新鋭の重化学工業をフル稼動させ、大量生産・大量消費による空前の繁栄を謳歌した。もしかしたら、アメリカにおけるもの作りが全面開花した最後かもしれない。フロリダでは、土地バブルも発生した。株価も暴騰していった。その帰結は、１９２９年世界大恐慌であった。

世界恐慌からの回復のために、ニューディール政策という形で公共投資が行なわれた。しかし、この政策が成功することはなかった。もちろん、ある程度は、恐慌の痛手から経済システムを救うことに役立ったであろうが、本格的に経済が回復するのは、第二次世界大戦に突入してからのことである。

ヨーロッパ戦線で第二次大戦が始まっても、アメリカは参戦しなかった。当初は、ナチス・ドイツは、破竹の勢いでヨーロッパ戦線を拡大したが、イギリスから参戦の求めがあっても、アメリカは参戦できなかった。アメリカの世論は、どうしてよその国の戦争に参戦して、アメリカの若者が血を流さなければならないのかというものだったからである。当然のことである。アメリカは、大戦への参戦の大義名分と国民を納得させる方法を必死に求めていた。

そうこうするうちに、アメリカによる経済封鎖などで窮地に陥っていた日本が、1941年12月に真珠湾攻撃を行なった。しかも、日本大使館の不手際で、アメリカ政府への宣戦布告が行なわれた頃には、日本海軍が真珠湾ですでに攻撃を開始していた。当然のことながら、アメリカ国民は激怒した。だまし討ちだ、と。「リメンバー・パールハーバー」がアメリカ国民の合言葉になり、ついにアメリカは第二次大戦に参戦することができた。

唯一、戦場にならなかったアメリカは、連合国の「生産工場」となり、重化学工業がとことん発展した。第二次大戦において、戦後、新たに経済成長を主導することになるハイテク産業の萌芽が生まれた。

大砲を撃つ時の弾道計算や核開発に不可欠であったので、コンピュータが戦時中に開発された。レーダーもイギリスで開発され、実戦配備された。

アメリカは、膨大な人材と資金を投入して、核開発を行なったので、あっという間に核兵器が完成した。悲しいことに、戦争が科学・技術を飛躍的に「発展」させるという典型的な事例であった。兵器は、実験を行なったとしても、実戦使用しなければ、その性能の検証ができない。核兵器が広島、長崎に投下されたのはその為である。

負け戦だったのであるから、日本がすみやかに降伏すれば、東京大空襲も、広島・長崎の悲劇も回避されたことであろう。

資本主義の盟主アメリカ

第二次大戦で旧ソ連のスターリンは、東欧諸国をヒトラー・ファシズムの支配から解放した。東欧諸国は、自然の流れとして、あまり深く考えずに、旧ソ連と同じ「社会主義」体制に移行したように思われる。じきに、ヒトラーはひどかったけれども、スターリンの支配はもっとひどいことに気付かされた。だが、時すでに遅かった。「原状復帰」するのに、じつに40年あまりの歳月を必要としたのである。

中国も日本軍との戦いに勝利した後、国民党軍を追い出した中国共産党が支配するようになり、

「社会主義国」化した。

こうした第二次大戦後の「社会主義」化の動きは、アジア、アフリカ、南アメリカなどでの革命運動を著しく高揚させた。アメリカは、資本主義の盟主として、共産勢力との戦いを率先して始めなければならなかった。

イギリスとフランスは、第二次大戦で勝利を収めたものの、直接の戦場になったので、経済的には疲弊した。ドイツと日本は、枢軸国として連合国と戦って敗北したので、「廃墟」からの復興を成し遂げなければならなかった。「社会主義」勢力と戦えるのは、第二次大戦で勝利を収めるとともに、超絶的な経済力を有するに至ったアメリカしかいなかったのである。

資本主義の盟主となったアメリカは、共産主義勢力と戦う同盟国や反共産軍を支援する為に、米ドルをどこでも受け取ってもらえるように「信用貨幣」に擬制して、ドルで武器・弾薬・食料など必要なものを手に入れられるようにした。そのシステムがIMF体制であった。アメリカは、対外国通貨当局に対してのみ、金1オンス＝35ドルで交換（「兌換」）することを約束したのである。米ドルが限定的であるとしても、金の裏付けを持ったのである。

アメリカは、旧ソ連との戦争に備えて、国家の総力を挙げて、軍事産業、IT産業、航空・宇宙産業、原子力産業などの最先端の科学・技術開発を行なった。資本主義陣営に消費財を提供したのは、アジアの日本とヨーロッパのドイツであった。人工衛星の打ち上げで旧ソ連に先を越されたアメリカは、国家の威信をかけたプロジェクトであるアポロ計画に全力を投入した。1969年に人類が初めて月に降り立ったといわれているが、これは、まさに軍事技術開発の成果そのものであった。

アメリカは、共産主義の脅威を封じ込める為に、インドシナから追い出されたフランスに代わって、ベトナム戦争の泥沼にはまり込んだ。こうして、アメリカは、膨大なドルを世界で使ったので、ドル危機が深刻化していったのである。

とうとう1971年になると対外国通貨当局であったとしても、金1オンス＝35ドルで交換(「兌換」)することを停止した。戦後初期には、世界の公的金準備の8割をアメリカが保有していたのに、激減していったからである。

金との繋がりを絶たれ、貿易赤字も多いアメリカのドルが、世界中で支払い・決済で受け取ってもらえるという基軸通貨の役割を終えるはずであった。しかしながら、旧ソ連は経済の面では、かなり疲弊していたとはいうものの、まだそれなりに健在であったので、資本主義諸国は、米ドルの受け取りを拒否することはできなかった。冷戦の継続が、ドルを金の裏付けのある「信用貨幣」と同等の地位にとどまらせたのである。

戦後のアメリカは、軍需産業をはじめとするハイテク産業の技術水準は極めて高かったものの、消費財産業の国際競争力はかなり低かったので、経済そのものは長い間疲弊した。

軍需企業の収益性はかなり高いが、庶民には無縁のものなので、広範な需要は望めない。したがって、いくらこの分野が強いとしても、経済波及効果はあまりない。戦争が起こって初めて軍需品の「消費」が拡大する。消費財は、ドイツ、とりわけ日本から輸入しなければならないので、景気はよくないのに、貿易赤字だけが激増する。

結局、アメリカ経済を活性化させるには、金融業くらいしか残されていなかったのである。

2　マネーゲームと銀行危機

マネーゲームの横行

１９７０年代初頭に、外国為替相場がそれまでの固定相場制から変動相場制に移行すると、信用リスクや金利変動リスク、価格変動リスクなどの金融リスクに新たに為替変動リスクが付け加わった。そうすると、この為替変動リスクをどのようにしてヘッジ（回避）したらいいかということが検討された。

そこで、編み出されたのが、日本の江戸時代に大阪の堂島で行なわれていた米の先物取引、いわゆる帳合米取引の手法を取り入れた為替先物取引である。こうして、１９７０年代初頭から、金融取引に新たな金融取引分野としてのデリバティブ（金融派生商品）取引が加わったのである。リスクの商品化としてのデリバティブ取引が、その後、興隆していく前提が構築された。その結果、アメリカ金融業の「質的」転換が図られたのである。

そして、1975年5月にアメリカで証券取引の売買委託手数料が自由化された。5月に行なわれたので、メーデーと呼ばれている。これがアメリカにおける事実上の金融ビックバンであった。メーデーによって、証券業の競争が激化するとともに、情報提供しない代わりに、売買委託手数料を割り引くディスカウント・ブローカーが登場した。

売買委託手数料が自由化されると、資産運用サービスが金融業務の主流となっていった。そうすると、金融機関は、顧客の金融収益拡大のために、資産運用の手法を「高度化」していった。

1980年代に入るとアメリカでは、M&A（企業の合併・買収）が活発化したが、とりわけマネーゲーム型のM&Aが横行するようになった。

特徴的なことは、低格付けのジャンクボンド（ハイリスク・ハイリターン債）を発行すると大量の資金を調達できるようになったことである。買収資金がない場合には、レバレッジドバイアウト（LBO）という手法が使われた。LBOというのは、買収先の資産を担保にして資金を調達し、買収が成功したら、調達達資金を返済するというものである。

ジャンクボンドの発行やレバレッジドバイアウトなどよって、簡単に大量の資金を調達することができるようになったので、M&Aがあちこちで行なわれるようになった。

M&Aというのは、本来、企業経営の効率化・合理化、高い収益性の実現の為に行なわれるものであって、そのことによって、経済の質的に高い成長が可能となる。アメリカにおいても、このようなM&Aが主流であったが、１９８０年代にアメリカで横行したのは、マネーゲームのようなM&Aであった。

企業の株式を買占めて、相手を脅し、当該企業あるいは救済に入った第三者に高値で引き取らせて金儲けするとか、純資産や内部留保の多い企業の株式を買占めて、それらを吐き出させて、株価を引き上げ、売り払って金儲けするようなケースである。

このように、１９８０年代には、マネーゲーム型M&Aが横行したので、世論の痛烈な批判を浴びた。そこで、ジャンクボンドを開発した投資銀行ドレクセル・バーナムのミルケンがインサイダー取引で逮捕され、この会社が倒産した80年代末になると急速に終息していった。

銀行の経営危機

１９８０年代から９０年代初頭にかけて、多くの銀行が経営危機に見舞われた。

とくに、住宅ローンなどを提供していた貯蓄貸付組合（S&L）は、１９８０年代に深刻な経営危機に陥った。低金利の時に、長期資金を固定金利で融資したので、金利が上昇すると逆鞘に陥ったからである。低い金利で貸して、高い預金金利を支払うのだから、経営危機に陥るのは当然のことである。そこで、アメリカ政府は、公的資金を投入してS&L危機に対応した。

商業銀行は、発展途上国貸付、レバレッジドバイアウト（LBO）貸付、不動産貸付などを行なっていたが、途上国の累積債務問題の深刻化、LBO貸し付けの焦げ付き、不動産不況などで、多くの銀行が経営危機に陥った。S&Lは純粋な民間銀行とはいえないので、公的資金が投入されたが、民間銀行の経営の失敗に対しては、この時には、公的資金の投入は行なわれなかった。当時のアメリカのマスコミや学会の論調は、「銀行業は衰退産業か」というものであった。したがって、銀行は、なにがなんでも自力で経営危機を乗り切らなければならなかった。もちろん、政府は日本と違って、銀行の経営危機離脱の為に、税制面などで支援した。たとえば、政府は、過去に支払った税金の払い戻しや、減税などを行なったのである。

銀行業界は、大量の不良債権処理や破綻処理を行なうのに必要な資金を確保する為に、預金保険料の大幅な引き上げを断行した。経営が圧迫されるとして、反対も強かったが、政府の支援を期待できない以上、そうせざるをえなかった。

銀行は、膨大な預金保険料負担に対応すべく、血の滲むような経営の効率化・合理化を断行した。同時に新しいビジネス・モデルを構築し、新規の収益源を模索した。そうしないと、資本の増強、増資などに応じてくれる投資家などいないからである。

アメリカの銀行は、この時には、政府の直接的支援を受けず、業界が自力で危機を克服した。預金保険料負担に耐えられるような経営体質を構築するとともに、新しいビジネス・モデルも構築した。こうして、ＩＴ革命を旗印に、１９９０年代にアメリカ経済が「復活」する金融システム上のきっかけが作られたのである。

3　冷戦の崩壊と金融「工学」

冷戦体制の崩壊

旧東ドイツ市民の力で１９８９年11月、「ベルリンの壁」が崩れ、翌90年10月についに東西ドイツは統一された。

東欧でも市場経済の導入が図られ、旧ソ連でも１９９１年8月の旧ソ連邦の崩壊、各共和国の独立、市場経済の導入という方向に進んだ。「社会主義」を標榜する北朝鮮やキューバなどが存在しているが、中国は、社会主義市場経済という形で事実上、市場経済を導入している。

１９７５年にアメリカとの戦争で勝利したベトナムでもドイモイ（刷新）という名の下に市場経済が導入された。

したがって、１９９１年の旧ソ連邦の崩壊によって第二次大戦後の世界の政治・経済・社会を根本から転換した冷戦が終結したということができる。冷戦の崩壊によって、人類は、核戦争の恐怖から解放された。多くの人々は、ようやく世界が平和になる時代が到来したと喜んだ。アメリカの軍事産業、すなわち「死の商人」以外は。

しからば、はたして本当に資本主義が勝利したのであろうか。世界経済・金融危機の顕在化で資本主義の寄生性・腐朽性が露呈している現在、社会主義という政治・経済システムよりも資本主義というものがすばらしいものなのか。断じて否である。冷戦終結時には、資本主義側の盟主であるアメリカは、すでに超大国の地位から滑り落ちていた。ドイツや日本が戦後、著しい成長を遂げて、アメリカを支えてきただけのことである。

ただ、どういうわけか、冷戦が終了したら、突如としてアメリカ経済は「復活」し、1990年代から2008年9月にかけて史上まれにみる経済の繁栄を謳歌した。しかし、それは、アメリカが冷戦期に構築した強大な軍事技術と軍事力を背景としたドルを国際基軸通貨（「ドル本位制」）の地位に祭り上げ、世界から資金を吸収し、その資金を株式市場と住宅市場に投入させることによって構築された明確なる幻想的経済成長にすぎなかったのである。

まさに世界史的「喜劇（一度目の日本の不動産バブル崩壊不況は悲劇、二度目のアメリカのサブプライム危機は喜劇）」である。

冷戦期におけるアメリカの科学・技術の「発展」は、軍事技術はもちろん、航空・宇宙技術、原子力技術、そして、最先端の情報・通信技術（ＩＴ）とバイオ・ナノテクノロジーなどのハイテク産業に特徴的に現われている。

冷戦が終結するとこれらの技術の一部が民間に開放され、ＩＴ革命という形で1990年代にアメリカで「全面開花」した。情報・通信技術の発展は、軍事産業だけでなく、金融業をも著しく「発展」させた。アメリカは、これらの国際競争力のある産業で21世紀の世界市場を制覇しようという野望を抱いた。

アメリカは、2001年9月11日に同時多発テロに遭遇し、テロ撲滅「戦争」を宣言した。地球温暖化防止京都議定書の批准を拒否して、資本の論理を貫徹している。バイオテクノロジーの「発展」で「神」の領域に入りつつある。

アメリカは、テロ撲滅「戦争」という戦争を続けるとともに、地球環境だけではあきたらず、ハイテク技術開発で「神」にまで「戦争」をしかけようとしている。アメリカがこの21世紀に行なう三つの戦争のすべてに勝利することは、はたして可能なのであろうか。

それは難しい。2003年に国連決議もなしに仕掛けたイラク侵攻は惨めな失敗に終わり、2008年の大統領選挙で共和党が敗北したからである。さらに、金融業での世界制覇をもくろみ、世界中で膨大な利潤を稼ごうとしたものの、世界経済・金融危機の顕在化で世界の金融・経済システムを「恐慌」状態に落とし込んでいる。

このような事態に至ったのは、冷戦の終結により、アメリカが軍事的な面だけであるが、世界の「超大国」にのし上がったからである。超絶的な軍事力を持ったアメリカが、経済的にも「超大国」、政治・文化、民主主義においても世界の「模範国」になったと完全に誤解し、「傲慢」になったところに、世界史の悲劇があった。しかも、アメリカの消費財は、世界から供給されているということを完全に忘れ去ってしまった。

イラク侵攻の経済的背景

クウェートに侵攻したイラクを追い出すために、国連決議に基づいて多国籍軍によって遂行されたのが1990年の湾岸戦争であった。これは、誰がみてもイラクのクウェート侵略であった。「国連憲章」では、自国が攻撃された時と国連決議があれば戦争をしていいことになっている。どうしていいのか分からない。しかしながら、国連安保理でイラクをクウェートから追い出すための武力行使が決議された。

日本は、「憲法」の規定で多国籍軍に参加できなかった。湾岸戦争に軍事的に参加できないのであればということで、1兆円あまりの日本国民の血税を拠出した。血税というのは、国民が血の滲むような思いで稼いだ金を支払うという意味である。血を流すという点では同じだと思うが、そうはいかなかった。

湾岸戦争終結後、クウェートによるお礼の対象国から日本がすっぽり抜け落ちていたからである。日本政府、とくに外務省などはかなり落ち込んだ。だったら、最初から血税など出さなければよさそうなものだが。

湾岸戦争はあっというまに終結した。ところが、アメリカのネオコン（ネオコンサーバティブ）といわれる保守勢力は、フセイン追尾を強硬に主張した。イスラエル敵視政策の急先鋒であるフセイン政権を打ち倒さなければ、イスラエルの安全は確保されないからである。ところが、当時のブッシュ（父）大統領は、フセイン追尾をしてはならないという進言を受け入れた。そのかぎりでは「賢明」な決断であった。イラクに攻め込んだら、泥沼にはまり込むことは明らかだったからである。

湾岸戦争でアメリカは、冷戦期に開発・製造した古い兵器をすべて使い切ることができた。ところが、湾岸戦争終結後、じきに冷戦も終結した。

軍需産業は、湾岸戦争で兵器の「在庫」がなくなったので、しばらくは、さらに高性能の軍需品を政府から発注を受け、一息つくことができた。しかしながら、しばしの「世界平和」に人々が酔いしれたので、いきおい軍事費は激減せざるをえなかった。軍需産業とネオコンはしばし深く沈潜し、新たな世界戦略を練り上げる時間的余裕ができた。

当時のイラクのフセイン政権は、1999年1月にEU（欧州連合）で単一通貨ユーロが導入されると、国連に、石油売却代金の支払いをそれまでの米ドルからユーロに変更することを認めさせるという「とんでもないこと」を実現してしまった。

湾岸戦争でクウェートを追い出されたイラクは、経済制裁を受けていた。ただし、人道的見地から、庶民の生活に必要な最低限の物資を買う資金を調達する分の石油の輸出は認められていた。その売却代金の受け取り通貨を、米ドルからユーロに換えさせたのである。そうするとドル暴落を怖れていた、中東の周辺諸国もユーロの受け取りを主張しはじめた。

このことが広がると、アメリカが「紙」切れのドルでは、世界から消費財などを買えなくなってしまう。膨大な貿易赤字を抱えるアメリカには、円も元もユーロもほとんどない。ということは、外貨を借り入れなければならないが、そうすると世界から借金漬けになってしまい、返済可能性が低くなり、誰も貸さなくなる。

結局、アメリカは、自国民が必要とする消費財を提供できなくなってしまう。アメリカ国内では、質の高い消費財を提供できないからである。

だから、アメリカは、経済的には、無価値の「紙」で作られたドルを「木の葉っぱ」だといってしまったフセイン政権を倒したのである。そうすれば、誰も「木の葉っぱ」とはいわなくなり、「金」と同価値のあるドルだからと受け取ってくれる。みんなが受け取ってくれるという確信があれば、「木の葉っぱ」でも喜んで受け取り、汗水垂らして生産した価値のある消費財などをアメリカにわたすのである。

こうした経済的必要性からもイラク侵攻が不可欠だったのであるが、アメリカの致命的な戦略的ミスは、対テロ戦争というのが本来成立しえないということをまったく理解していなかったことである。

もちろん、超絶的軍事力を有するアメリカ軍にイラク軍はひとたまりもなかった。だから、2003年3月にイラクに侵攻して、5月になると大規模戦闘はあっというまに終結した。しかしながら、イラク「戦争」はここから始まったのである。

テロリストと実際に戦うのは、特別の訓練を受けた対テロ特殊部隊である。日常的にテロ対策を行なうのは、警察力であり、海上保安庁、沿岸警備隊や国境警備隊である。空港・駅・港湾の厳重な警備や厳格な出入国審査などによって、はじめてテロリストの進入をある程度は防止できる。アメリカ正規軍は特殊部隊以外、テロリストと戦うようには訓練されていない。

こうして、アメリカは、イラク戦争の泥沼にはまり込んだのである。

イラク戦争の事実上の敗北が明らかになってしまうと、アメリカ国家への世界の信認が失われてしまうし、なによりも、「金」であったはずのドルが本当に「紙屑」になってしまう。

そこで、アメリカは、さらに株式・住宅バブルを仕掛けて、好景気を演出し、世界の需要を喚起し、ドルの信認を繋ぎ止めなければならなかった。アメリカは、米ドルをなんとしても「金」だと、世界の人々に呪文のように唱えてもらわなければならなかったのである。

ここにアメリカが、歴史上最悪の住宅バブルの演出するために、粗悪品であるにもかかわらずサブプライムローン関連金融商品を優良品として世界中にばら撒かざるをえなかった最大の根拠がある。まさに、アメリカ軍事「帝国」を維持するための、資本主義最後の「お祭り騒ぎ」だったといっても過言ではない。

金融「工学」の登場

国際競争力を完全に失なった消費財産業しか存在しないアメリカにおいて、経済成長を促進する産業として選ばれたのは、IT産業と軍事産業、農業と金融業などである。いずれも冷戦下でのハイテク技術開発の成果が極めて有効に適用できる分野である。

本来であれば、日本のように、ハイテク技術は、安全でいいもの作りに生かされるべきである。しかし、残念ながら、アメリカは、「人殺し」の為のハイテク兵器、農薬漬け・化学肥料漬け・遺伝子組み換えの農作物・畜産品は作れても、安全でいい消費財は作れない。

だから、アメリカには、資金を右から左に動かして金儲けする金融業しか残されていなかった。こうして、1980年代末から90年代初頭にかけて、アメリカにおける深刻な第一次金融危機を乗り越えた金融資本は、高度な金融的術策を労しての金儲けに突っ走った。金融的術策を「高度化」したものこそ金融「工学」にほかならない。

アメリカにおける金融「工学」は、二段階で「発展」してきた。

第一段階は、アメリカの国家プロジェクトであるアポロ計画が終結したことによって始まった。

核兵器開発では旧ソ連に先行したものの、人工衛星ではソ連に先を越された。ドイツでV1やV2というロケットを開発した科学者を、戦後、アメリカと旧ソ連が奪い合って人工衛星開発競争を展開したが、旧ソ連が最初に人間を乗せてロケットを飛ばすのに成功した。

アメリカの威信は著しく傷つけられた。そこで、アメリカは、人間を月に運んで、連れて帰るという壮大なアポロ計画を策定・実行した。アポロ計画は、「平時」における航空・宇宙技術とIT技術を投入しても実現は不可能だっただろう。アポロ計画は、人間を月に運んでウサギが餅をついているかを、確かめるというような代物ではなかった。

冷戦という「戦争のできない戦争」を遂行するために、人材と資金という面で国家の総力を挙げて、「宇宙戦争」遂行技術を新たに開発し、実戦配備することを目的とするものであった。だから、膨大な研究開発費と資金がアポロ計画に投入されたのである。当然のことながら、IT技術も飛躍的に発展することになった。したがって、アポロ計画が終了すると、軍事技術開発と航空宇宙技術開発が一段落し、失業した科学者がウォール街に殺到した。ウォール街も固定為替相場制から変動為替相場制に移行する中で、為替変動リスクの回避の金融手法を求めていたので、科学者が大量に金融技術開発に携わった。

当時、アメリカは、金融システムの自由化により、金融業を「基幹」産業にして、経済成長を牽引しようとする国家戦略を構築していた。こうして、金融先物取引が「発展」して、デリバティブ取引という新たな金融取引手法が生まれ、利潤獲得分野がさらに拡大した。

１９８０年代に入るとマネーゲーム型M&Aが盛んになったが、ここでもさまざまな金融的術策を駆使して、金儲けが行なわれるようになった。

しかしながら、株を買占めて、相手を脅して高値で引き取らせるというような金儲け手法は、さすがのアメリカでもひんしゅくを買うようになったので、もう少し「上品」に金儲けするという方法が編み出された。それが金融「工学」ではなかろうか。

金融的術策が金融「工学」という学問にまで祭り上げられるようになったのは、冷戦の終結が大きく影響している。人類は核戦争の脅威から解放され、平和が到来したので、戦争遂行の為の最先端技術開発は不要になった。そうすると、アメリカのNASAからだけでなく、旧ソ連で失業した科学者が大挙して、ウォール街に流入してきた。こうして、金融取引に「高度」の「工学」技術が利用されるようになったのである。

金融工学は、本来、安全でよりいいもの作りとサービス提供のために役立つものであるはずである。そのかぎりでは、極めて重要な学問である。ところが、金融工学の一部が、金融的術策を弄して金儲けするための手段と化してしまったところに悲劇がある。

株式バブルは、株価を暴騰させるだけなので、金融「工学」をさほど必要とはしないように思われる。１９８０年代末の日本の株式バブルにも金融「工学」は必要としなかった。日本の不動産バブルも、銀行が土地転がしに、どんどん融資したことによって生じた。すなわち、銀行が貨幣の流通速度を上げたことで地価が暴騰しただけのことである。

ところが、冷戦が終結し、金融「工学」という「学問」が成立してはじめて、アメリカの住宅バブルを「意図的」に発生させることが可能になったと思われる。リスクの高い金融商品を束ねてリスクの低い商品に仕立てるなど、一般の常識では、ありえないことをやってのけたからである。金融商品や負債額などでも金融「工学」を使って時価が算定されるようになった。

しかし、金融「工学」の問題は、自然科学である確率論・大数の法則などを経済学に持ち込んで理論を構築するという致命的過ちを犯していることであると思う。

たとえば、サイコロの出る目は通常六分の一である。だが、経済の世界は、それはあくまで過去の経験則からの六分の一にすぎないのであって、現実に進行する経済は、数多くのファクターにより影響を受ける。したがって、サイコロの出る目は、四分の一になることもあるし、八分の一になることもある。自然科学ではそんなことはありえない。どうしてそうなるかということを研究するのが経済学なのである。

大数の法則は、サイコロを6回振っても、1から6の目がそれぞれ1回出る確率は低いが、数十万回振れば、それぞれの目が六分の一ずつ出るというものである。大数の法則は、生命保険料の算出などに使われている。人間の寿命はそれぞれ異なるが、数十万人、数百万人を一まとめにすると、平均寿命を算出できる。保険会社の経費と利益を差し引き、その平均寿命に合わせて、保険料を計算すれば商売として成り立つのである。

したがって、この平均寿命という前提が変わる戦争勃発などの場合には、保険金を支払わなくてもいいという免責条項が設定されているのである。

もし、大数の法則というものを、数十万件の住宅ローン債権を束にして組成した証券化商品にも適用するのであれば、免責条項のような措置が必要なのである。たとえば、大不況とかで、住宅ローンのデフォルト（債務不履行）確率が大幅に変わるときには、想定以上の損失が出る可能性があるということを明記して、証券化商品を売却した側に、売った値段で買い戻すことを義務付けるとか。

ただし、後述するように、免責条項が必要となるような事態が、アメリカの住宅バブル形成メカニズムの中に内在していたということに、世界経済・金融危機の本質がある。すなわち、住宅バブル自体の形成メカニズムの中に自滅する要因が内包されていたのである。

さらに、過去の経験則から将来のリスクを予測するのであるが、その過去の経験則は、100年に一度、1000年に一度しか起こらないような事態は、最初から排除している。アメリカのサブプライム危機に端を発した世界金融危機、世界経済危機（世界同時不況）などは、最初から想定されていないのである。

国家といえども破産することがあるのだから、リスクゼロの金融商品を組成することなど、経済の世界ではありえない。経済的諸条件の変化、理論価格からの著しい乖離などで住宅価格が反転すると、突然、サイコロの目が変わる。1000年に一度の事態が発生する。狼狽した格付け会社が責任回避のために、突如として格下げをすることなどよくあることである。経済予測が天気予報よりも当たらないのは、そのせいであろう。

4　新自由主義と投資銀行

ドル高政策とドルの信認

アメリカでは、1980年代から90年代初頭にかけて、銀行が不良債権問題を自主的に解決して、金融システム危機が克服された。冷戦の終結と相前後して、80年代から続いていた不況も克服され、景気の高揚局面に突入した。

しかしながら、アメリカは、すでに金の裏付けを欠いていた米ドルが、冷戦終結によって、ほんとうに「木の葉っぱ」になってしまうのではないかという恐怖に襲われた。さらに、冷戦下でアメリカは、膨大なドル資金を世界に投入したので、つねにドル危機が付きまとっていたが、運悪く、冷戦終結と同じ年の1991年にEU（欧州連合）が99年に単一通貨ユーロを導入することで合意してしまった。

アメリカは、それまで強大な経済力・軍事力を背景にした米ドルに対抗しうるだけの国際通貨が存在しなかったので、仕方なくドルを受け取っていた世界の国々が、ドルを見捨ててしまうのではないかという恐怖感に襲われた。

もし、そうなれば、米ドルはローカル通貨になってしまい、世界は、「紙」切れのドルでアメリカに消費財を売ってくれなくなる。そこで、アメリカは、超絶的軍事力はすでに備わっていたので、あとは、世界の経済成長の牽引役になり、アメリカに投資を引き付ければいいという戦略を構築した。そうすれば、黙っていても米ドル投資が激増し、ドルの信認を確保することができるからである。

そのための策略は、一つは「新産業革命」としてのIT革命の国家的推進であり、1993年のインターネットの民間開放であった。

そもそも、インターネットは、世界に展開するアメリカ軍をネットで繋ぐという軍事的な要請で開発されたものである。インターネットというのは、ほとんどの人が使うようになるので、極めて分かりやすい。かつて、産業革命の進展によって、手作りよりもはるかに安く、品質も遜色のない繊維製品が大量に手に入るようになったので、庶民は、新しい時代の到来を実感することができたと同じである。

インターネットの普及によって、あらゆる情報が瞬時に入手できるようになったので、人々の生活が大変便利になった。とくに、流通の分野は、インターネットでの商品の売買などが進み、飛躍的に便利になった。こうして、人々は「新産業革命」を実感することができた。

実体経済の「産業革命」が進展しているのであるから、株価が上昇するのは、当然のことであるという経済的前提を構築したのである。

もう一つは、株式市場の高揚を演出して、アメリカの好景気を実現することである。その為に、アメリカがとった経済政策がドル高政策である。この政策によって、平成大不況下の日本とユーロ導入を目指すヨーロッパから大量の投資資金がアメリカの株式市場に流入した。その結果、株価が暴騰し、株式バブルが発生した。ニューヨーク証券取引所のダウ平均株価は、2000年1月14日に1万1722・98ドルとそれまでの最高値を付けた。しかしながら、この日を境に株価が下落し、株式バブルが崩壊した。

ドルの信認を確保するために行なった株価引き上げが終結すると、日本のバブル潰しの失敗の教訓を学んでいたアメリカの中央銀行であるFRBは、ただちに利下げを行ない、バブル崩壊不況を軽微なものにしようとした。そうこうするうちに、9・11同時多発テロが発生した。ダウ平均は、7800ドル台まで暴落したので、FRBは利下げを続け、政府は、所得税減税などによって景気のテコ入れを行なった。

ドルの信認確保の為に行なった株価引き上げが終焉し、同時多発テロによってアメリカ本土が歴史上初めて攻撃され、アメリカの威信が著しく傷ついたので、ドルの信認は地に落ちるはずであった。だがそれは、アメリカにとっては、絶対に許されないことであった。

そこで採られたのが、住宅価格の上昇によるアメリカ景気の高揚政策である。アメリカの国債はもちろん、健全な借り手に対する住宅ローン（プライムローン）を証券化した金融商品は優良証券なので、諸外国にとって優良な投資証券であった。諸外国の投資家、企業や金融機関、政府などがどんどん購入してくれていたので、長期金利はかなり低かった。FRBも政策金利を断続的に引き下げたので、住宅需要が拡大し、住宅価格が上昇するような経済的条件は整っていた。

同時多発テロの痛手から立ち直り、ドルの威信を維持するには、住宅価格の引き上げが不可欠となった。

じきに、住宅ローン会社、銀行と投資銀行、格付け会社、信用保証を行なう保険会社などが結束して、住宅価格上昇の為のビジネスを展開した。アメリカ政府は、規制緩和・撤廃によって住宅価格上昇を支援した。そうすると、2004年から05年頃には住宅バブルの様相を呈してきた。本来であれば、FRBが大幅な金融の引き締めを行なわなければならなかった。

だが、利上げも小幅なものであった。グリーンスパン前FRB議長のいうように、証券化商品市場があそこまで拡大するとは予測できなかったからかもしれないし、イラク戦争が泥沼化していたので、好景気に水を差すことはできないという判断が働いていたのかもしれない。

超絶的軍事力を背景に、「紙」切れの米ドルを世界にむりやり受け取らせようとして始めたイラク侵攻が敗北に終われば、ドルの信認など地に落ちてしまう。誰も、米ドルなど受け取らなくなるかもしれない。だから、金融関係者はともかく、政府関係者は、いずれ崩壊する、危ないと思っても、それを止めることはできなかったのであろう。

ここに、歴史上最悪の世界経済・金融危機をもたらしたアメリカの住宅バブル形成のメカニズムと本質があったと考えられる。

新自由主義と株主資本主義

国際競争力を有する消費財産業があまりないアメリカやイギリスは、1980年代に政府の関与を減らし、競争原理を徹底させる新自由主義的な経済政策（市場原理主義）を遂行した。90年代に入るとアメリカでは、「会社は株主だけのもの」という理念に基づいて経済・経営運営を行なうという株主資本主義が確立した。

サブプライム危機・世界金融危機をもたらした経済政策上の根拠は、新自由主義（市場原理主義）と株主資本主義の経済理念にあると考えられる。

消費財産業ではなく、金融業の高揚で経済を成長させようとする経済政策には、新自由主義と株主資本主義が適合的である。金融取引というのは、基本的に数字の世界であって、数字が増えるか減るかということだけが問われる世界だからである。それを仲介するのが金融機関である。

それに対して、製造業は、数字と数字の間に財や生産過程が介在する。数字を増やす為には、財の質が問われるところが、金融業と根本的に異なる。G（貨幣）－G′が金融業であるが、製造業は、G－W（設備・原材料・労働者など）…P（生産過程）…W′－G′と、利潤獲得の間に生産過程Pが入るのである。

コスト削減のために、規制緩和を行なって、製造業現場にまで派遣労働の導入を認めれば、熟練工の神業的なもの作りができなくなってしまう。もの作りの過程を自由化してしまうと、もの作りの質を落としても金儲けをしようとする不届き者が出てくる。

金儲けを目的とする民間企業に、人間の命と財産にかかわる建築の検査・確認業務を任せると、金儲けの為に、検査・確認を手抜きするケースが出てくる。こうして、財産はもちろんのこと、人間の生命まで危険に晒されることになる。

金融取引というのは、数字の増減しか興味のない世界なので、円やドルやユーロなどの「現金（中央銀行券）」が実際に世界中を駆け巡るということはない。せいぜい、旅行者が小額の現金を持ち歩くくらいのものである。

現金は「一覧払いの証券」なので、もし紛失して、見つかっても、なかなか所有権を証明することはできない。だから、現金同士の交換手数料は高いのである。トラベラーズ・チェックは、銀行間での支払い・決済を行なうだけなので、手数料は、現金と比べると有利なレートで交換できる。クレジット・カードでの支払いなどは、数字が動くだけなので交換手数料は低いし、銀行間レートに準じたレートで交換できる。

国債はもちろん、社債や株券なども電子化が進んでいるので、現在では、ほとんど「紙」としては存在しない。手形も「紙」はあまりないし、個人的な支払い・決済も現金（中央銀行券）ではなく、電子マネーが普及しつつある。紙として残っているのは、預金通帳や貯金通帳くらいのものであろう。

国際競争力のある消費財産業がないので、アメリカやイギリスは金融業での経済成長をもくろんだ。だからこそ、市場のことは市場に任せ、「小さな政府」を実現し、国家は経済にほとんど介入しないとか、規制を最大限緩和・撤廃し、企業の利潤機会を拡大することで経済が成長するという経済理念である新自由主義を導入することができたのである。

「会社は株主だけのもの」という理念に基づく株主資本主義は、非金融部門を「食いもの」にする考え方であり、金融取引で高利潤を追求しようとする傾向が強い。

「会社は株主だけのもの」であるとすると、法さえ犯さなければ、どんな手段を使っても利益を上げて、その利益を株主に配当せよということになる。金融業であれば、住宅バブル前までは、それでもまだよかったのかもしれない。

しかしながら、もの作り国家はそれでは存立しえない。もの作りの熟練工の継承が不可欠だからである。日本では、企業は終身雇用制を採用し、熟練工を保護・育成してきた。もし、倒産したら技術の継承ができなくなる。倒産しないように、株主に利益をとことん配当するのではなく、万が一の場合に備えて、企業内部に最大限留保する。

これからも、いいものを作るために、利益のほとんどを株主に配当してしまうのではなく、利益の多くを研究・開発費に投入することが絶対不可欠である。次世代の製品を開発しなければ、いずれ売れなくなる。だから、アメリカのように、すぐに利益に結び付かないのだから、株主に配当してしまえということでは、新しい製品が登場したとたんに、その企業は既存の製品が売れなくなって、倒産してしまう。

アメリカの消費財企業のほとんどは、利益の多くを株主に配当しないと、株主総会で役員は解任されてしまうので、利益の大半を研究・開発費に投入するということはあまりないようである。とすれば、新しい製品が登場することがないので、倒産するということはない。ほとんどの企業が新しい製品の開発を放棄してきたからである。ただし、外国からいい製品が入らなければ。

アメリカの消費財産業の国際競争力が決定的に低い大きな理由の一つがここにあるように思われる。世界経済・金融危機の顕在化でアメリカの自動車会社の多くが経営破綻したが、それは、売れる車を作ってこなかったからである。

サブプライム危機をもたらした住宅バブルも、遅くとも2005年には、危険だという論調は、アメリカでも出ていたはずである。日本の不動産バブルの時も、銀行は、同じような行動を取ったので、偉そうなことはいえないが、どうして、たとえ一人でも、「住宅バブルだから、我が社は、サブプライム関連金融商品の組成と販売、購入を止める」という経営者が居なかったのだろうか。

居たかもしれないが、もし、居たとしても、くだんの経営者は、即刻、株主総会で解任されたことであろう。役員報酬はもちろん、もしかしたらストック・オプションの行使も拒否されたかもしれない。これが、資本主義（株主資本主義ではなく資本主義一般）なのである。

だから、国家が、それを止めなければならないのであるが、新自由主義的経済政策は、グリーンスパン前FRB議長のいうように、資本の暴走を止めるのではなく、逆にそれを促進してしまった。その後始末を庶民の血税で行なうというのは、どう考えてもおかしい。

もちろん、新自由主義的経済政策で規制緩和が進めば、さまざまなコストが削減され、価格低下など消費者にメリットがあるし、株主資本主義的経済政策で、放漫経営の企業経営者が放逐されるとか、企業のコーポレート・ガバナンスが徹底するなどのメリットはある。

しかし、それ以上の弊害があるので、消費者へのメリットの提供、経営者の規律やコーポレート・ガバナンスの徹底などは、別途、しっかりと対処し、新自由主義的な経済政策は拒否する必要がある。

アメリカの投資銀行

みてきたように、冷戦が終結するとドルの信認を確保するために、アメリカは、強大な軍事力確保を前提に、景気高揚策を採った。1995年に始まるドル高政策がそれである。この政策によって、日欧からの大量の投資資金が、アメリカの株式市場に流入した。この事態がIT革命と同時進行したので、「金融革命」の様相を呈し、ネット関連株のIPO(新規上場)ブームなどもあって株式バブルが発生した。

この時までは、アメリカの投資銀行は、あくまで「証券会社」として行動したと考えられる。ネット関連株の上場、M&Aによる企業再生、富裕層向けの資産運用サービス、証券取引業務などを中心に行なっていたからである。株価が暴騰するとその資産効果によって、個人消費も拡大し、景気は絶好調を迎えた。ここまでは、基本的に不動産バブルの時の日本の証券会社の行動とほぼ同じである。だが、株式バブルが崩壊し、住宅バブルに移行すると事態は質的に転換した。

すなわち、「証券会社」から「投資銀行」に大転換したと考えられる。というのは、アメリカで21世紀初頭に住宅バブルが生じたが、「投資銀行」は、金融「工学」などを駆使して、主として低所得者向けサブプライムローンなどを元にした「最先端」の「超優良」金融商品を組成し、それを世界中に売却するという業務を手掛けるようになったからである。

サブプライム危機というのは、住宅という実物資産を「原資産」とする壮大な「デリバティブ」取引の帰結であるといえよう。すなわち、この危機は、むりやり、信用力の低い低所得者層にまで住宅ローンを貸し付けて、その貸出債権を元にサブプライム関連金融商品を組成し、これを含む債務担保証券（CDO）の規模が天文学的なまでの凄まじい規模に達した。「原資産」である住宅価格が下落すると、国家を巻き込んだ強制的収縮過程に至る。

住宅バブルの最盛期には、住宅ローン会社などは、頭金はおろか、収入がない人までも無理やり住宅ローンを貸し付けて、住宅を購入させて、住宅価格を上昇させた。住宅ローンは、証券化して売却するので、ただちに資金が還流する。また貸し付けることができる。最初の貸付額が何倍にも膨れ上がるという、まさに究極の「信用創造」である。こうして、需要創出が行なわれたので、住宅価格がとりあえず上がり続けた。

リスクが高いはずなのに、金融「工学」を駆使してCDOが組成され、信用保証（CDS）も付けられ、格付け会社がトリプルAという高格付けを付し、「優良」証券に生まれ変わったのでいくらでも売れた。信用保証が付されると、さらにリスクを取ることができるので、金融機関、機関投資家、ヘッジファンドなどは、ますます資金を借り入れてCDOなどを購入できた。そうすると、さらに住宅価格が上昇するという「理想的」な循環が続いた。

「投資銀行」に「転換」したアメリカの証券会社（もちろん投資銀行であるが）は、リスクの高いサブプライムローンを金融「工学」を駆使して高格付けの証券に組成して世界中に売却するとともに、自らも巨額の投資を行なった。投資銀行は、CDOの組成と売買、調達資金の貸付などを積極的に行なった。

サブプライム危機の顕在化で、アメリカの金融資本は膨大な損失を計上した。それは、金融資本がレバレッジ（てこの原理）をとことん働かせて、高い収益性を追求したからである。その結果、欧米の金融資本の総資産残高は著しく増加してきた。要するに、あくなき利潤追求、金儲けに走った冷厳なる帰結なのである。

レバレッジというのは、自己資本ではなく、借り入れなどによって負債を拡大して、多くの利益を上げることである。銀行には自己資本規制というのがあるので、レバレッジを働かせてより多くの利益を上げるということは、それほど簡単にはできない。それにもかかわらず、銀行が膨大な損失を計上しているのは、資産運用子会社が凄まじくレバレッジを働かせていたので、結局、銀行が救済しなければならなかったからである。

投資銀行にも当然、銀行の自己資本規制に相当する正味資本規制というのがあった。これは、最低限維持しなければならない正味資本額やレバレッジ（負債倍率）を定めたもので、原則として、負債総額は正味資本の15倍を超えてはならないというものであった。

ところが、2004年4月に投資銀行業界の要望で、証券取引委員会（SEC）は、資産規模50億ドル以上の投資銀行に対して、この規制の適用を免除した。SECは、規制を遵守しているかどうかという直接的な検査を止め、投資銀行に、財務・リスクの自主的なモニタリングを行なわせた。

その結果、投資銀行は、さらなる金儲けの為にレバレッジを働かせた。2008年3月に破綻したベアー・スターンズのレバレッジはじつに33倍まで跳ね上がったという。

もしも、住宅バブルが激しくなりかけていた2004年4月にこの規制を撤廃しなければ、投資銀行が高いレバレッジを働かせて、危険な投資を繰り返し、世界を深刻な金融危機に落とし込むようなことは、ある程度は回避されたように思われる。

第二章　戦後の日本経済と構造改革

1　戦後の高度成長

戦前の日本経済

徳川幕藩体制が打倒され明治維新をへて、日本は近代化の道を歩むことになったが、欧米列強は、すでに自由競争資本主義の段階を通りすぎて、独占資本主義の生産力段階に到達しつつあった。欧米列強による植民地化を回避する為に、軍事力の強化を始めとする富国強兵の政策を断行した。

したがって、日本の産業革命は、軍事産業の育成の過程で達成されたものであり、ドイツのように自律的な産業革命をへて重化学工業化する道をたどることはできなかった。日本の重化学工業がドイツのそれとまったく異ならざるをえなかったのは、その為である。

単純化していえば、本来、重化学工業が発展して、自動車会社が戦車、造船会社が軍艦、航空機会社が軍用機、化学会社が爆薬を製造し、鉄鋼会社が軍事企業に鉄鋼を供給し、電機会社が兵器の電気系統を担当するなどの発展過程をたどる。日本の重化学工業は、欧米の最先端技術を吸収して、世界一流の兵器を製造することはできたが、国民に安全でいい消費財を提供することはできないという、極めていびつなものであった。

戦前のアメリカと比べるのには無理があるが、太平洋戦争に突入する頃には、世界最高水準の戦艦大和やゼロ式艦上戦闘機などを製造することはできたものの、広範な需要のある質の高い消費財を生産することはできなかった。だから、日本は、相対的に強大な軍事力を背景にして、東アジア諸国に資源と市場を求めざるをえなかったのである。

戦前の日本が極めて侵略的で「やらずぶったくり」資本主義とならざるをえなかったのは、このような事情による。農林漁業やいいもの作りなどを振興し、緑豊かな自然の中で、ささやかに暮らせばよかったのに、世界の列強の仲間入りという、分不相応の背伸びをした結果、ついに、世界の超大国アメリカに宣戦布告するという自暴自棄の行動に出たのである。

それは、絶対に負けるといわれたロシアとの戦争での一応の「勝利」という、成功体験からきたものであるように思われる。

当時の日本の軍事技術では、ロシアと戦争できるだけの軍艦を製造できなかった。イギリス製の軍艦を買おうにも外貨である英ポンドがない。世界に売れる日本製品は絹くらいしかなかったからである。そこで、日本政府は、ロンドンで外債を発行して英ポンドを調達しようとした。しかし、日本が負けるのは明らかなので、紙屑になるような外債を買うという酔狂な投資家はいなかった。

ところが「捨てる神あれば、拾う神あり」。世界金融危機勃発のきっかけとなったリーマン・ブラザーズの前身が買ってくれたのである。

リーマンがいなければ、日露戦争はできなかったかもしれない。その後の日本の歴史にとって、そのほうがよかったと思われるが、日本海海戦で捨て身の戦法をとった連合艦隊がロシアのバルチック艦隊を壊滅させたら、アメリカが間に入って戦争が終結した。

ロシアのアジア進出を警戒するアメリカが介入しなければ、日本はけっして勝利することはできなかった。陸軍が二〇三高地を激戦のすえ占領しても、敗走するロシア兵を追尾する武器も弾薬も食料も底をついていたからである。

ロシアは負けたとは思っていないので、ほとんど賠償支払いをしなかった。しかしながら、絶対に負けるといわれた大国ロシアとの戦争で勝った成功体験が、日本を無謀な太平洋戦争に駆り立てたのかもしれない。

しかも、太平洋戦争の頃には、大鑑巨砲主義の時代が終結していたにもかかわらず、日本海海戦の勝利体験から、世界最高水準の巨大戦艦（超弩級）を二隻も建造していた。

侵略的資本主義の帰結は、アジアを巻き込んで数千万人の犠牲者を出すという悲惨なものであった。

冷戦下の重化学工業

太平洋戦争で敗北した日本は、アジア諸国への侵略を反省し、「新憲法」の9条で侵略戦争の放棄を宣言した。「独占禁止法」9条で経済的侵略の先兵であった財閥本社の会社形態、すなわち純粋持ち株会社の設立を禁止した。

当初、アメリカは、対ソ連の防波堤として中国を考えていた。日本は、アメリカからみれば、しょせん極東の島国なので、侵略の軍隊の保有を禁止し、アメリカ型の民主主義を導入し、平和で民主主義的で、人々が静かに暮らす国にしようと考えていたことであろう。

じつは、侵略的なドイツを平和国家にするには、重化学工業をなくせばいいという農業国化政策（モーゲンソー・プラン）が戦時中にアメリカ政府部内で真剣に検討されたこともあった。だが、旧ソ連軍が反撃し、戦後、東ヨーロッパが「社会主義」化することが明らかになってくると、そんな「夢物語」は放棄され、戦後に利用するために、ドイツの重化学工業の温存を図った。爆撃目標もそれまでの軍事施設や軍需工場から、大都市に変更された。歴史の悲劇である。

極東でも、1949年に中国革命が成功し、中国が「社会主義」化してしまった。アメリカは、急遽、政策の大転換を行なって、日本を対中ソ「社会主義」の防波堤にしなければならなくなった。そこで、アメリカは、日本に重化学工業を新たに「移植・創出」する政策を採った。ドイツのように、戦前の重化学工業をそのまま使うことができなかったからである。

日本は、戦前の軍事産業中心の重化学工業の伝統と技術は継承し、アメリカで戦時中に極限まで発展した民生用重化学工業の成果を大規模に新規に導入した。日本は、傾斜生産方式によって、まず世界一流の鉄鋼産業の育成をはかった。

東京湾沿いを中心に、鉄鋼、化学、機械企業などの大型プラントがどんどん建設された。資源のない日本なので、東京湾に外国からの原材料や石油を満載した巨大貨物船やタンカーを横付けして、生産を行なった。

日本には、工業技術やもの作りの伝統はあったが、高度成長は、本来の重化学工業が何もないところに巨大な設備投資を行なうことで達成された。「投資が投資を呼ぶ」というものであった。

しかも、１９９０年代から始まる中国の経済成長と決定的に異なるところは、当初は、輸出主導型の経済成長ではなく、資本財・生産財を中心とする設備投資主導型だったことである。もちろん、内需拡大型ではなかったが、基本的に「自律的」な再生産構造を構築できた。したがって、設備投資主導型経済成長が終結すると、民族資本、すなわち日本企業が輸出の立役者となることができたのである。

１９７０年代初頭になると、さしもの日本の高度成長も終結を迎えた。本来であれば、賃上げ、労働条件の改善、福祉水準の向上、老後の安心の為の年金制度の確立、ドイツのように6週間程度の夏季連続有給休暇、地球環境保全対策などを行なって、内需拡大型経済成長を目指すことが必要であった。

しかし、日本は、アメリカに市場を求める外需、地球環境を破壊する公共投資という内需拡大による経済成長路線を選択した。

いいもの作り国家の確立

高度成長が可能であったのは、冷戦下でアメリカが日本の重化学工業の「移植・創出」に全面協力したからであるが、国内的には、「格差の縮小」が大いに役立つことになった。

「独占禁止法」9条による財閥解体により、大金持ちが消滅した。国家が地主からただ同然の価格で土地を購入し、小作人にただ同然の安価な価格で売却するという農地解放が断行された。その結果、小作人に耕作させ、自らは、東京の一等地に住んで、遊んで暮らしていた戦前の寄生地主が消滅した。

この財閥解体と農地解放によって、日本から戦前の支配階級と大金持ちが消滅した。小作人は、日本では一級の資産である土地を持つ零細地主に生まれ変わった。その結果、農村は、保守党の集票基盤となり、政治の安定に大きく貢献した。

1960年代初頭の資本自由化に際して、外国の資本から乗っ取られるのを防止する為に、銀行を中心とする企業グループがお互いに株式を持ち合った。これがアメリカでは評判の悪い株式の相互持合いである。

戦後の日本からは、いわゆる「資本家」と会社の唯一の所有者であるはずの「株主」も消滅した。「株主」がいなくなった会社は、従業員出身者が社長になるのが普通となったので、会社は、形式的には、「役員や労働者・従業員など皆のもの」となった。

最近までは、東証一部上場企業の社長の年収は5000万円から8000万くらい、平社員の平均年収は600万くらいだった。差は10倍程度だった。格差社会であった戦前の日本は110倍くらいあったといわれている。これだけ格差がなくなったのは、歴史上初めてのことであろう。

それが可能となったのは、財閥解体とそれに伴なう個人大株主の消滅、株式持合い、農地解放による ほとんどの農民の零細地主化などのおかげであった。

しかし、それだけでは、「一億中流社会」は登場しない。日本が冷戦下でアメリカの世界戦略にしっかりと組み込まれることにより、歴史上まれにみるほどの高度成長を実現し、全体として、経済的・物的に豊かになってきたことによるものである。アメリカのような、格差社会であれば、「努力した人が報われる」ということで、「報われた」人が富の大部分の配分を受け取ることになるので、「中流社会」は成立しえない。

世界史上初めて実現した「一億中流社会」は、いいもの作り社会に極めて適合的であった。社長も従業員出身の「仲間」なので、社長も従業員食堂で食事を取ることにあまり違和感がない。このようなことは、依然として「階級社会」の欧米では考えられないことである。欧米では、役員が経営方針を立案し、マネージャーが実行するが、従業員はマネージャーの指示にしたがって仕事をするというように役割分担がきっちりと決められている。けっして、職域を犯してはならないのである。

ところが、もの作りの現場で働いている労働者が現場をもっともよく知っている。もし、このように生産システムを変更したらさらに生産性が上がると思って、マネージャー（従業員）に進言しても、欧米では、「あなた方は指示どおりに仕事をしなさい」といわれるだけであろう。だから、馬鹿馬鹿しいので、与えられた仕事が終われば、労働者がさっさと自宅に帰ってしまうのは当然のことだろう。

じつは、もの作り国家のドイツでも、このような状況である。ドイツのもの作りの質が日本と比べていささか劣るのはその為かもしれない。したがって、ドイツは、ＥＵ（欧州連合）という欧州統合に最初から参加してきたのである。ＥＵというのはあくまで「ブロック経済」であり、その中で相対的に競争力があれば企業は利潤を確保できるからである。

ＱＣ（品質管理）サークルとか、英語にもなっているカイゼン（改善）などは、欧米では、そう簡単にできるものではない。生産現場で働く労働者からの生産性向上の提案をどんどん奨励し、いいもの作りに励むのが日本的経営の「真髄」であると思う。いい提案をした労働者を表彰すれば、皆必死になって生産性向上の為にがんばるだろう。労働者の「搾取・収奪」の日本的な「形態」なのかもしれないが。

これもまたアメリカにはすこぶる評判が悪いが、終身雇用制や年功序列賃金制がいいもの作りに有効であった。

定年まで解雇されることがないし、賃金も増えていくので、安心して会社の発展の為に貢献するようになるからである。就職してから会社の為に身を粉にして働き、神業的な技術を身に付けた熟練工が、日本のいいもの作りに貢献した。ハイテク機械でも計測できない誤差は、熟練工の手で計測するしかないという。

とはいえ、日本が本当の意味でいいもの作り国家になれたのは、1970年代初頭に高度成長が終結した時に、逆説的ではあるが、本来の内需拡大ではなく、アメリカに市場を求めるという決断をしたからである。

2　高度成長の終焉

アメリカ依存型経済の推進

日本経済は、年率10％前後の経済成長を20年近くも続けたので、高度成長が終結したら、凄まじい不況に襲われるはずであった。

高度成長が設備投資主導型であったので、企業は、莫大な生産設備を保有するようになった。「投資が投資を呼ぶ」かぎりでは、生産手段（資本財・生産財）生産部門の内部循環で経済成長が可能であった。

しかし、高度成長が終結すると、その設備から膨大な製品が生産されるものの、販売できなければ、利潤が上がらないのはもちろん、経費の回収すらできず、銀行からの借り入れで行なった設備投資資金の返済もできなくなる。ほとんどの企業は、バタバタ倒産の憂き目にあうはずであった。

企業経営者は、賃上げなどによる本来の内需拡大策をあくまで拒否し、過剰生産設備から生み出される膨大な製品の市場をアメリカに求めた。高度成長の過程でアメリカなどへの輸出を拡大してきたが、高度成長が終結するとそれが本格化した。というのは、アメリカは、冷戦下で対旧ソ連との戦いで、軍事産業、航空・宇宙産業、ＩＴ（通信技術）産業、原子力産業などの最先端産業の技術開発に特化せざるをえなかったからである。

その結果、アメリカでは、鉄鋼、金属・機械、化学などの民生用重化学工業の生産性の向上がおろそかになってしまった。さらに、アメリカ企業が多国籍企業化して、世界中で業務展開をするようになったこともあって、国内市場がなおざりにされてしまった。

したがって、大規模な最新鋭の重化学工業設備をどんどん導入し、高い生産性を有する日本企業が、優良な製品を生産し、アメリカ市場に投入すれば、売れるのは当然のことであった。しかし、それが、歴史の偶然であるとはいえ、国際通貨システムにおいて、外国為替取引が固定相場制から変動相場制に移行したことで、日本の輸出企業に新たな困難をもたらすことになった。

それは、戦後の冷戦下でアメリカが軍事産業を中心とするハイテク産業、日本とドイツが消費財産業を担当するという国際分業の下では、日本からアメリカへの消費財の輸出が激増するのは当然のことであったことによる。

当時の国際的な政治・経済的力関係からすれば、アメリカの方がはるかに力が強かったので、日本からの輸出品の受け取り代金のほとんどは米ドルであった。しかも、いまと違って、当時は、外国為替の売買は、外国為替専門銀行を通じて行なわなければならなかったので、輸出代金ドルを銀行に売って円を買わなければならなかった。

貿易黒字が大きくなればなるほど、円高になり、輸出企業の利潤が減るので、輸出は減少する。

逆に、円高になると輸入品の価格が下落するので、輸入が増え、結局、貿易収支が均衡するというのが、国際金融論の教えるところである。新自由主義者が変動相場制への移行を強く主張したのはその為である。

ところが、その後の日本経済の展開は、この教えに真っ向から反するものであった。

日本の輸出企業は、アメリカ企業と競争し、丈夫でいいものを作って、売れるということだけでは、生き残ることはできなかった。凄まじい円高に耐えられる企業体質の構築が不可欠だったのである。1ドル＝300円あたりから、1995年の1ドル＝79円75銭までの円高に耐えるのは、至難の業ではあった。

日本の輸出企業がおしなべて、もの作りの質が高く、経営体質が極めて強いのは、そうしなければ、生き残れなかったからである。これは、血の滲むようなコスト削減によるものであったが、おのずと限界があった。

日本では、最後の最後に行なわれるコスト削減である賃金の引き下げは、年功序列賃金制下では難しいし、終身雇用制下では、解雇はそう簡単にはできないからである。だから、自主的に辞めるように、陰湿ないじめが行なわれることも少なくないのだが。

アメリカのように、会社は株主のもので、労働者はコストであるとすれば、収益が減少したら、ただちに労働者の解雇を行なうことになる。国際競争力のある消費財産業があまりなければ、ある程度は通用するかもしれないが、それでは、労働者の会社に対する「忠誠心」がなくなり、いいもの作りができなくなってしまう。

生産性向上と省エネ技術の向上

そこで、日本の輸出企業は、アメリカの戦後のハイテク技術開発の成果のいくつかを大規模に導入した。とりわけ、マイクロエレクトロニクス（ＭＥ）技術を応用した工業用ロボットなどが大量に生産現場に導入された。生産過程にＭＥ技術を導入することで、大幅なコスト削減が可能となった。

労働者一人あたり、１日で１単位の製品しか生産できなかったのに、ＭＥ技術を応用した生産装置を導入することで、10単位の製品を生産できたとすれば、設備投資費を別にすれば、１ドル＝３００円から１ドル＝１００円の円高になっても耐えられる。こうして、日本の輸出企業の労働生産性は、飛躍的に向上することになったのである。

それでは、ハイテク産業の本場のアメリカで、どうして製造業にＭＥ技術を応用して、生産性の向上を図らなかったのかという疑問が出てくる。国際競争力の欠如したアメリカの製造業でも、広大なアメリカ市場である程度は売れていたからであろう。利益は、設備投資資金に投入するのではなく、配当しろと株主にいわれたからかもしれない。

というよりも、アメリカは事実上製造業を捨てて、相対的に国際競争力のある産業である金融業と農業に特化したからである。国家からの受注に全面的に依存する軍事技術は高いレベルにある。あとは、ハイテク技術の成果を金融業と農業に応用することで、この分野で生き延びていけばいいだけであった。

その結果、アメリカでは、デリバティブ取引やM&Aが活発化していったし、バイオテクノロジーが発達し、遺伝子組み換えなどで世界の農業を支配することができた。

日本の輸出企業が、生産性の向上に真剣に取り組まざるをえなかったもう一つの大きな理由は、オイル・ショックへの対処を迫られたからである。資源のない日本と資源国アメリカでは、当然、対応は大きく違った。

日本はアメリカと違って国土が狭く、公共投資が本格化する1970年代までは道路も劣悪であった。庶民の家は「ウサギ小屋」と揶揄されるように小さく、土地も狭く大きな車を入れる駐車場がなかった。

だから、日本の自動車企業は、アメリカのようにガソリンをばら撒いて走る、快適な大型車ではなく、オイル・ショックを契機に、燃費のいい丈夫な自動車作りに専念せざるをえなかった。必死になって石油依存度を低下させてきたのである。

アメリカは、石油産出国なのでオイル・ショックの影響をそれほど受けなかった。相変わらず快適な大型車の製造を続けた。石油価格は、第二次オイル・ショックの時にも上昇したが、その後、1990年代までほぼ低位で安定していた。多少燃費が悪くても、ガソリン価格は低く据え置かれたので、アメリカの自動車でもある程度は売れた。

この40年あまりの日米自動車企業の低燃費車開発への取り組みの違いが、世界経済・金融危機の爆発を契機に、アメリカ自動車・ビッグスリーの経営危機を顕在化させ、ついに二社までをも経営破綻させることになったのである。

アメリカの自動車産業に壊滅的打撃を与えた原油価格の高騰は、アメリカの新自由主義的経済政策が大きくかかわっている。

アメリカで1980年代あたりから始まった規制緩和・撤廃が、90年代に入って本格化すると、ヘッジファンドなどの国際投機資本が暗躍するようになった。1990年代末に株式バブルが崩壊すると、投機資金が原油市場に流入して原油価格が高騰した。その結果、燃費の悪いアメリカ車の売れ行きが鈍った。

もう一つ、企業の年金や保険料負担が大きいことである。「小さな政府」が売り物の新自由主義的経済政策では、国民皆保険などは、非効率的なものである。そうすると、企業が健康保険を提供せざるをえないので、企業は、膨大な保険金の支出を迫られることになる。

さしずめ「大きな企業」であろう。企業の競争力を高めるのが新自由主義のはずなのに、アメリカの自動車会社は、巨額の保険料負担を迫られ、かえって経営が圧迫された。

新自由主義的経済政策の「あだ花」である国際投機資本の暗躍で原油価格が二度も急上昇し、そのために、燃費の悪いアメリカ車がますます売れなくなった。それ自体は不可欠であるが、労働者・従業員への巨額の健康保険支払いと年金債務などでも経営を圧迫されたアメリカのビッグスリー二社の経営破綻は、アメリカ型新自由主義瓦解の典型的事例であろう。

対外直接投資の拡大

円高による凄まじい為替差損を血の滲むような経営の効率化・合理化で補填してきたさしもの日本の輸出産業も今度は、労働生産性の向上によって円高を乗り切ってきた。

したがって、本来は、円高になると貿易黒字が減少するはずなのに、減少しない。というよりも、円高になるとますます貿易黒字が増えた。そうすると、内需の拡大によって黒字を減らそうとしない日本と、欧米諸国との間での貿易摩擦が深刻な国際問題となった。

そこで、1980年代に輸出企業は、貿易摩擦の回避の為に欧米市場への直接投資を進めた。アメリカやイギリスという市場で生産を行なえば、現地での雇用が促進されるので、貿易摩擦はある程度緩和される。日本の部品企業も輸出企業とともに欧米に進出した。

対外進出した企業は、現地通貨で部品を調達して生産し、販売代金を現地通貨で受け取り、その通貨で賃金を支払ったり部品を調達したりするので、貿易摩擦の緩和に大いに役立った。獲得した利益も現地通貨で運用するので、「国際企業」に転化した輸出企業は、ようやく円高という為替差損の悪夢からある程度は解放された。

しかし、その半面で、日本経済という一国の観点からみれば、いわゆる「産業の空洞化」といわれる事態が進行した。本来、日本国内で設備投資がなされるはずなのに、欧米に莫大な投資が行なわれたので、その後、日本経済が低迷する大きな要因の一つとなった。「産業の空洞化」の深刻化の第二弾は平成大不況への突入である。

1990年初頭に不動産バブルが崩壊し平成大不況に突入すると、日本企業は、低賃金労働力を求めて中国を中心にアジア諸国への直接投資を拡大した。

日本的経営では、解雇による労働コストの削減が難しいだけでなく、不動産バブル崩壊不況というのが、戦後日本で最悪の「恐慌」として現われたからである。そうすると企業は、生き残りために、当時、労働コストが日本の十分の一以下という中国に大挙して進出した。

もしも、中国が改革・開放政策を採って、「社会主義市場経済」という資本主義化の方向を目指さなければ、日本は、さらに深刻な不況に見舞われていたはずである。

大不況下の日本で「100円均一」なども登場しえなかったであろう。中国などで野菜や冷凍食品を作って輸入しなければ、低価格のレストランはやっていけないし、スーパーで低価格の目玉商品などの販売もできない。日本国民は、低価格の食料を口にすることはできないであろう。平成大不況期に価格が安定し、末期にデフレに襲われた一因は、中国が日本の「生産基地」となったことにある。

半面で、日本の平成大不況は、中国経済を質的に転換させるとともに、中国を「世界の工場」の地位に押し上げた。それは、日本で売れる安いものを中国で生産しなければならなかったからである。

高品質に慣れた日本人は、いくら安くても粗悪品には見向きもしない。だから、いくら賃金が低いといっても、粗悪品しか生産できなければ、中国進出の意味がない。そこで、日本企業は、必死になって品質管理などの技術移転を行なったのである。

平成大不況はそう簡単には終息しなかったので、中国のもの作りの技術は、徐々に高まっていった。そうすると、超低労働コストによる生産で高利潤を上げようとする欧米企業が中国に殺到した。こうして、中国は、１９９０年代も半ば頃になると「世界の工場」に生まれ変わり、政府発表でも年率10％を超える高度成長を２００７年まで十数年間にわたって続けることができたのである。

この中国の高度成長は、極めて低い水準から始まったということもあるが、日本の高度成長をはるかに凌ぐものであった。

しかし、日本と質的に異なるのは、その高度成長が、自律的な再生産構造を構築するものではないことにある。日本のように鉄鋼、金属・機械、工作機械、化学などの資本財・生産財産業を確立し、その上で優良な消費財を生産し、輸出するというものではなく、外資の導入によって、外国に輸出するというものであった。

中国は、大量の外貨流入により自律的な再生産構造を構築し、内需拡大型の経済システムを構築しなければならないのに、そうしなかったので、大量の資金が不動産に流れ込み、不動産バブルが発生した。

したがって、アメリカ経済がサブプライム危機で疲弊し、世界経済の好景気が終了すると、中国経済は低迷することになった。このような構造では、アメリカ経済が疲弊しても、中国は大丈夫というういわゆる「デカップリング」などありえない。

日本の食品関連企業は、中国で大規模な農業・食料生産を行なった。というのは、この分野でこそ超低賃金のメリットがいかんなく発揮されるからである。

日本企業は中国において、食料増産の為に、超低賃金労働者による人海戦術を取り、農薬・化学肥料をふんだんに使って食料増産を行ない、大量の超安価な農産物や食料品を日本に持ち込んだ。日本の人々は、大不況下で賃金は上がらなかったが、こうした安い製品や食料を購入できたので、物的な「豊かさ」をある程度は享受することがきた。食の安全ということは問われているのであるが。

公共投資による「内需」の拡大

日本は、高度成長が終結すると外需をアメリカに、内需は賃上げや福祉充実などではなく公共投資に求めた。１９７０年代初頭に、中卒の庶民宰相として抜群の人気を誇った田中角栄元首相が提唱した「日本列島改造論」は、日本全土を掘り返して経済を成長させるというものであった。さしずめ、ケインズのいう「穴を掘って埋める仕事」であろう。

１９７０年代初頭に提唱された「日本列島改造論」は、日本全土を新幹線網と高速道路網で繋ぐとともに、一般道路の拡張、港湾・河川などの整備、空港の新設・整備などを行なって、地方経済を活性化するというものであった。

赤字国債などを発行して調達された膨大な財政資金が公共投資に投入され、日本全土が掘り返され、ゼネコン（総合建設業）、建設業、土建業、不動産業などに膨大な仕事が発注された。

このように、高度成長が終了すると公共投資による地方経済活性化政策が採られたので、農地解放のおかげで零細地主となった農民とともに、建設・土建業は、保守党の強力な支持基盤を形成し、２００９年8月30日の総選挙で自民党が惨敗するまで、長きにわたり、政治の「安定」に大いに貢献した。

国家からの受注に全面的に依存するアメリカの軍事産業は、アメリカでの「公共投資」ともいうべきものであるが、日本では、国家からの受注による建設・土建業への資金配分が公共投資である。日本の公共投資は、「人を殺す」ものを作らないだけまだましかもしれないが。

こうして、高度成長終了後、公共投資主導型の内需拡大という経済システムが構築されたので、その後の日本経済は、景気が低迷すると公共投資を行なうという安易な経済政策に依存する体質が出来上がってしまった。

平成大不況が、政治・経済構造の大転換を強制したにもかかわらず、旧態依然たる公共投資が行なわれ、その結果、膨大な財政赤字が累積するという体質が身に付いてしまった。

元来、建設・土建企業は民間企業なので、競争原理を働かせて経営効率を高め、よりよいものを完成させるというのが資本主義市場経済の大原則である。しかし、国家からの受注だと正常な競争原理が機能しない。しかも、地方経済が公共投資によって生き残らなければならないので、国家からの受注を皆で分け合わなければならない。

そこで、談合という制度が登場する。競争入札を実施し、経営効率がよく、技術水準の高い建設・土建業者に事業を発注すれば、公共投資に必要な税金は、おそらく半分以下ですむだろう。

ところが、「穴を掘って埋める仕事」であったとしても、民間に資金を回すことが目的なので、そんなことはどうでもいいことであった。「熊しか走らない高速道路」を作るのはけしからんと批判されたが、「穴を掘って埋めるより、熊が走るだけまだまし」ということだったのだろう。要するに、高速道路を建設すること、そのものが大目的だったのである。

こうして、莫大な税金を使って、日本全国に高速道路網が建設されるだけでなく、一般道路の拡張、港湾・河川などの整備、空港の新設・整備が進められた。河川も水害を防ぐことなどを目的として、コンクリートで固める護岸工事が行なわれた。おかげで、河川の汚染も大きな原因の一つであるが、海の魚が減った。国土が掘り返されると地球環境が破壊されるだけでなく、土砂が海に流れ込み、海草が激減し、魚が住めなくなったからである。

海が荒らされたのは、それだけではない。下水道整備はあまり進まなかったし、森林の整備もあまり行なわれなかったことも大きく影響している。下水道整備が行われなければ、産業・生活排水が川から海に流れ込み、森林整備が行なわれなければ、洪水が発生しやすくなるし、土砂が海に流れ込むからである。

高度成長の過程で、企業は、膨大な産業廃棄物を排出し、公害問題が深刻化した。企業が地球環境を著しく破壊してきたので、「公害（本当は私害）」反対闘争が激しさを増した。高度成長が終了し、日本企業にもある程度余裕が出てきたこともあって、地球環境保全に尽力するようになった。オイル・ショック対策で省エネ装置技術を含めて、現在では日本の環境保護装置技術が、世界トップレベルにあるのはそのおかげである。

高度成長が終結すると今度は、景気のてこ入れの為に、リゾート開発をはじめとして、日本全土を掘り返す地球環境破壊の公共投資が行なわれた。賃上げや福祉充実など本来の内需拡大型経済成長を忌避してきた日本経済の蹉跌ということができるであろう。

輸出産業と違って、国家からの受注による公共投資依存によって、競争原理を最初から排除した建設・土建業の生産性は、あまり上昇することはなかった。そのことが、1980年代末に不動産バブルをもたらす大きな要因の一つとなった。

3　バブル経済と平成大不況

銀行融資による不動産バブル

国家からの受注に依存した建設・土建業界は、規制緩和・撤廃などとは無縁の世界であった。むしろ、旧態依然たる談合で仕事を分け合い、みんなで助け合って生きていくという「共同体的・ギルド的」世界であった。この業界が生き延びていくために1980年代に採られた経済政策が、民間活力の活用（いわゆる中曽根民活）であった。

中曽根民活は、建設・土建業という業務そのものの規制緩和・撤廃を行なうというものではなく、建設・土建業にさらに金儲けのチャンス（これをビジネス・チャンスという）を与えようとするものであった。

それは、道路、橋梁、空港、港湾などを整備する公共投資だけではあきたらず、規制緩和によって、リゾート開発をどんどんやらせようとするものであった。その理屈は、高度成長によって、庶民は豊かになったので、がむしゃらに働くのではなく、生活を楽しんでほしい、そのために、リゾートを開発し、そこでくつろいでほしいというものであった。

しかし、これは、本来の内需拡大を促進するものではない。人々は、自分の判断で生活を楽しむものであって、箱物を作って、さあいらっしゃいでは、内需は拡大しないと思われる。

国家肝入りの民活なので、日本全土が掘り返され、建設・土建業は、仕事を確保することができた。民活というと民間企業が自由に業務を展開できるようにし、競争原理が働き、経済効率が高まるというものであるが、じつは、多くの発注者はここでも国家機関であった。

たとえば、膨大な資金を集めるものの、老後の給付の為の資金なので、すぐに支出の必要のない年金基金とかは、リゾート地に豪華な保養施設をどんどん建設した。民活といいながら、この保養所は、最初から赤字垂れ流しが明らかであった。この保養施設も建設することが目的であったので、最初から採算などは考慮されなかった。

年金運用担当者は、他人のお金なので損をしても、自分の懐が痛むわけではない。むしろ、建設・土建業に仕事を与えるほうがはるかに、意味があったことであろう。

そうこうするうちに、1980年代中頃になると、日本経済の国際化が一段と進み、外資系企業が日本に進出してきた。アメリカの大企業は、東京の一等地に事務所を構えた。支店長は、麻布あたりの100坪くらいのマンションに住むようになった。家賃は一ヶ月数百万円にも及んだという。こうして、都心の一等地でオフィス需要が高まると、徐々に周辺に、住宅・オフィス需要が波及していった。ここから本格的に不動産バブルが始まったのである。

日本で未曾有の不動産バブルを作り上げたのは、建設・不動産業と銀行であった。

土地投機が行なわれたのは、日本は国土が狭く土地は少ない、経済の国際化で外資が日本に殺到する、そうすれば、住宅・ビル需要と土地需要が激増して、住宅・ビル価格と地価が上昇するという理屈である。通常、不動産業者が手持ち資金で不動産を購入するということはない。銀行からの借り入れ資金で売買を行なう。そこで、銀行も積極的に不動産融資を行なうようになった。銀行にも不動産融資にのめり込まざるをえない理由があった。高度成長期には、優良企業がどんどん金を借りてくれたが、高度成長が終わると優良企業はさっぱり金を借りてくれなくなったからである。

銀行は、証券業務や企業再生業務など投資銀行業務に重点を移していかなければならなかったが、アメリカの金融システムを踏襲して、戦後、銀行・証券分離体制が構築されたので、それもできなかった。

高度成長の終結で経済規模が縮小したので、金融システムも再編しなければならなかったのに、保守的な金融行政を行なってきた監督当局である旧大蔵省は、既存の銀行業態を再編することはなかったし、銀行は一行も潰さない金融行政、いわゆる「護送船団行政」を続けた。そうすると、日本では、第一級の担保価値を持つ土地の売買に融資するのは、地価が下落しないかぎり、極めて健全な銀行業務であった。あくまで地価が下落しない限りで。

天文学的規模の不良債権

一般的には、１９８０年代末に、アメリカやドイツが政策金利を下げたのに、日本銀行がそれまでの最低の政策金利２・５％を続けたので、過剰流動性が発生し、過剰資金が不動産投資と株式投資に流入し、バブル経済が発生したといわれている。もし、日銀がもっと早めに金融引き締め政策を採っていれば、あそこまでの地価と株価の高騰を回避できたし、平成大不況に襲われることはなかったかもしれない。

アメリカの中央銀行（ＦＲＢ）は、１９９０年代末の株式バブルが崩壊すると対応が早かったが、それは、日銀のバブルの潰しすぎによる不況の深刻化をよく学んだからであるといわれる。しかし、住宅バブルの時には、この日銀の失敗からまったく学ぶことはなかった。グリーンスパン元ＦＲＢ議長が議会で証言したように、アメリカ中央銀行は、住宅バブルを放置し、歴史上最悪のサブプライム危機をもたらしたのである。

とはいえ、日銀は、日本の不動産バブル形成のあくまでも「脇役」であり、主役は銀行にほかならなかった。銀行は、不動産転がしに膨大な融資を行なったからである。素性のしれない借り手には、さすがの銀行も批判を怖れて、子会社のノンバンク（預金を集めない金融機関）に資金を貸し付けて融資を行なわせた。

銀行の関連会社である住宅金融専門会社（住専）なども不動産融資にのめり込んだが、銀行とは比べるべくもなかった。こんなことでは、地価が反転すれば、とんでもないことになる。冷静に考えれば、すぐに気が付くはずであるが。

アメリカ型新自由主義であれば、役員も労働者・従業員も株主のために利益を上げなければならないので、あとはどうなったとしても、金儲けに走り、株主にとことん配当するというのも理解できないこともない。

地価が反転したら、銀行は、莫大な損失を被るばかりか、倒産する可能性すらあるので、不動産投資はしないという経営者がいれば、株主は、大株主も零細株主も結束して、くだんの経営者を解任することであろう。

しかしながら、日本には、企業間で株式を持ち合ってきたせいで、ものをいう株主はおらず、経営者は、アメリカのように四半期ごとの収益状況に一喜一憂する必要もなかったので、長期的展望を持って経営を行なうことができるといわれてきたが、残念ながら、そんなことはなかった。

日本の金融機関経営者もバブル期には、とことん不動産投機にのめり込んだからである。

日本銀行は、低金利を続けてバブル形成に一役買うという大失態を演じたので、遅かったものの1989年5月には引き締めに転じ、90年に株価が、じきに地価が反転しても、引き締めを続けて、バブル経済の完全撲滅をもくろんだ。バブルを潰しすぎたので、銀行には、200兆円もの天文学的規模の不良債権が残り、株価も暴落して、深刻な平成大不況に見舞われたといわれている。

この日銀のバブル撲滅の金融政策の失敗が、アメリカの株式バブル崩壊後の金融政策に大いに役立つことになったのである。

地価が本格的に下落したのは、旧大蔵省が銀行に対して、1990年3月に不動産融資の総量規制を行なったからである。この規制は、不動産融資の伸び率を不動産以外の融資の伸び率以下に抑えるというものであった。バブル期には、不動産融資以外はほとんど伸びていなかったので、この規制は、事実上、銀行の不動産融資を禁止するものであった。

不動産バブルが銀行による野放図な不動産融資によってもたらされたものなので、銀行からの不動産融資が止まれば、不動産売買ができなくなり、地価が下落するのは当然のことであった。

ほとんどの日本の銀行は、天文学的な不動産融資を行なったので、地価が下落に転ずると莫大な不良債権が銀行のバランスシートに残った。銀行は、バブルが崩壊すると推計でじつに200

兆円の不良債権、１００兆円以上の損失を抱えて金縛りにあった。自分たちの不始末で作った不良債権なので、自分たちで処理しようとした。

だが、銀行が自力で不良債権の処理ができるほど甘いものではなかった。それだけ桁外れのバブルだったのである。

それにもかかわらず、監督官庁である旧大蔵省は、不動産バブル形成・崩壊の責任を問われるのがいやで、銀行に自主解決を迫ったので、不動産バブル崩壊不況である平成大不況が長期化し、解決するまで十数年もかかったのである。

公的資金の導入

政府は、いつもの公共投資を行なって景気の浮揚につとめた。建設・土建業、不動産業が倒産すると、銀行に借り入れ資金の返済ができなくなってしまうからである。

不況対策と銀行に儲けさせる為に、日本銀行は政策金利を連続的に引き下げた。金利が下がると銀行の業務純益が増加する。それは、日銀の政策金利が下がると、銀行は、すぐに預金金利を引き下げるが、貸付金利は約定ですぐには下がらないので、その差額が銀行の超過利益になるからである。日銀の政策金利引き下げ過程で銀行は、史上最高の業務純益を更新し続けた。

政府は、公的資金を使って株式市場に介入して、株価維持政策を実施した。当時、日本の銀行は低価法を採っていたので、保有株式の取得価格である簿価を下回ると、損失を計上しなければならなかった。逆に、簿価を上回っているかぎりでは、含み益として銀行の内部に留保される。

時価会計制度を採れば含み益などないが、日本では、日経平均株価が2万円を維持していれば、含み益をバランスシートに記載することで、不良債権の処理ができた。

含み益というのは「有事」の際に、経営を安定させるのに使うことができるので、あながち不合理ともいえないように思われる。世界経済・金融危機で多くの金融機関が膨大な保有証券の評価損を計上しているが、これは、時価会計のせいであって、危機の深化で、アメリカ政府が時価会計の停止をせざるをえなくなったのは当然のことであろう。

日本の銀行には、200兆円もの不良債権が累積していたので、銀行は、儲けのほとんどをその処理に充てた。企業に融資する余裕がなくなり、資金の流れが止まった。景気が低迷したので、経営危機に陥る企業が続出し、新たに不良債権が発生した。

1997年にアジア通貨危機が発生すると、ついに実体経済まで不況が波及し、1929年恐慌が終了以来、工業国で初めて深刻なデフレに襲われた。ますます不良債権が増えていった。

ついに1997年11月に「金融恐慌」が爆発した。きっかけとなったのは、三洋証券への「会社更生法」の適用であった。ここで、信用で成り立つ銀行間市場で初めて債務不履行（デフォルト）が発生した。そうすると、経営の思わしくない金融機関は、銀行間市場で資金を取れなくなってしまった。こうして、大手銀行の北海道拓殖銀行と大手証券の山一証券が破綻した。

じつは、債務が免除されてしまうので、金融機関に「会社更生法」を適用してはいけないのである。この大失敗の経験は、サブプライム危機が爆発した2008年9月に中央銀行が銀行間市場への巨額の流動性供給宣言をいち早く打ち出すことに大いに役立った。

「金融恐慌」が勃発すると、銀行への巨額の公的資金の投入がいとも簡単に決まった。公的資金の投入が可能となったことで、1998年に経営破綻した日本長期信用銀行と日本債券信用銀行がいち早く一時国有化された、対外債務を国家が保証したので、日本発「世界金融恐慌」を回避することができた。

だが、政府の対応が不十分だったので、銀行の不良債権問題を解決するには、あと数年の歳月を必要とした。

金融システムのアメリカ化

平成大不況が一息ついたかにみえた1996年から97年にかけて、金融大改革のプラン、いわゆる金融ビッグバンが提唱され、実行されていった。

それは、表向きは、日本の金融システムを自由で、公平で、国際的なものに大変革しようとするものであった。しかし、実際には、当時絶好調であったアメリカ型の金融システムと証券市場をそのまま持ってくれれば、低迷した日本経済も活性化するのではないかという淡い期待からであったであろう。

金融ビッグバンは、アメリカ金融資本が自由な利潤獲得できるように、日本市場を開放するというものであった。これは、１９９０年代に支配的となった世界の経済・金融システムのアメリカ化、すなわちグローバリゼーションの一環であった。

金融ビッグバンで、「諸悪の根源」である銀行預金ではなく、リスクを投資家が取れとか、「貯蓄から投資へ」といわれてもなかなかそうはならなかった。日本の金融風土では、高いリターンはほしいけれども、パーになることもあるといわれると二の足を踏む庶民が多いからである。当然である。

やはり、この金融ビッグバンで日本の金融市場を完全にアメリカ化することに失敗したと評価することができる。現在でも家計のリスク資産の比率はアメリカよりもはるかに低いからである。世界経済・金融危機で日本の被害が相対的に少なかったのは、結果的に大正解であったが、金融ビッグバンが不徹底だったことにあるといえよう。アイスランドのように徹底的に金融自由化したら、「国家破産」の憂き目にあったことだろう。

ただし、金融ビッグバンがすべて「悪」というわけでもない。

金融ビッグバンの一環である「外国為替管理法」の改正により、外貨取引が自由にできるようになった。企業は、いちいち銀行に手数料を支払って外貨の売買を行なっていたが、それが不要になり、かなりのコスト削減が可能となった。アメリカで生産して販売して、受け取った代金と、部品を買う時の支払い代金を相殺すれば、支払い・決済は、簡単にすませることができる。従来は、そんなこともできず、多額の手数料を銀行に支払っていた。

金融ビッグバンで、銀行や証券会社が提供する金融サービスの質が向上したことは事実である。しかしながら、その程度では、宇宙創成の言葉（ビッグバン）を使うなどということはおこがましい。

とはいえ、本当は、金融ビッグバンが遂行され、日本でもマネーゲームによって金融収益（浮利）を追求できるはずであったが、それを実行するプレイヤーが日本にはいなかった。金融当局や証券取引所などに遠慮する風潮があったからである。

それが、一変したのが、金融ビッグバンをさらに「深化」させた経済システムのアメリカ化、すなわち2001年から断行されたいわゆる経済構造改革である。ここで、証券取引を中心に規制が大幅に緩和・撤廃され、多少はアメリカ型証券市場が作り上げられた。

ところが、「会社は株主だけのものである」という経済・経営システムの上に成り立つアメリカ型の金融システムを、「会社は皆のものである」という日本の経済・経営システムの変革なしに、そのまま、持ってきたら、マネーゲームが横行するのは明らかであった。

株主にあまり配当せずに、会社の存続のために、危機的状況に備えて内部に留保するとか、原価法や低価法を採用して含み益を蓄積するということが日本的「会計システム」である。配当性向は低いので、株価も高くはない。

会社は労働者のものでもあり、労働者は重要な会社の構成員であり、経営のコストではないので、簡単には解雇せず、可能なかぎり定年まで雇用するというのが、日本的経営である。

したがって、株式を買占めて企業を買収し、含み益を吐き出させ、会社の利益に貢献しない労働者を解雇すれば、利益が拡大し、さらに株価が上昇する。これは、アメリカ型株主資本主義の考え方であるが、従来の日本では、そのような発想をする投資家も経営者もいなかった。いたとしても、乗っ取り屋として忌み嫌われた。

アメリカ金融資本で破綻したリーマン・ブラザーズの全面的支援を受けたライブドアの堀江元社長がニッポン放送株を買占め、結局、フジテレビに買い取らせて、莫大な利益を上げると国民的喝采を浴びた。

いわゆる村上ファンドの元代表は、阪神電鉄株を買占めて相手を脅し、結局、阪急電鉄に買い取らせて大儲けした。いずれも違法行為を働いたので、東京地検に逮捕された。

アメリカの投資ファンドであるスティール・パートナーズは、膨大な内部留保を抱えるブルドックソースの株式を買占めようとしたが、事後的な買収防衛策の発動により、金儲けはできたもの頓挫した。スティールは、この買収防衛策は違法と訴えたが、最高裁は、その訴えを退けた。こうして、アメリカ型マネーゲームは、急速に沈静化していった。

4　経済構造改革の蹉跌

日米同盟の強化

平成大不況下の日本経済の混迷を打開すべく抜本的な経済構造改革を断行するとして登場した小泉政権は、２００６年９月ついに退陣した。同政権は、当初は90％前後、その後、ほぼ50％あまりの支持率を維持した。このような高支持率政権は、これまでに存在しなかった。

しからば、本当に国民がやってほしい構造改革を行なったのか。断じて否である。国民は、いいもの作り、富裕層や大企業優先ではなく弱者に優しい社会、格差の少ない社会、平和な日本とアジアを求めていたからである。

小泉元首相は、２００３年のアメリカのイラク侵攻に真っ先に支持を表明し、アメリカとの密接な関係を世界に示した。当初、多くの日本国民は、フランスやドイツ国民と同じように、アメリカのイラク侵攻に反対していた。

そこで、支持率に異常にこだわった首相は、とんでもないおかしなロジックを考え出した。すなわち、アメリカのイラク侵攻に反対したら、北朝鮮が日本に向けてミサイル攻撃をするような場合に日本を助けてくれない。だから、支持を表明するというものであった。これは、自分たちが生き延びる為には、イラク市民が犠牲になっても仕方がないということである。「世界で名誉ある地位を占めたいという」日本人は、誇りを「捨てた」のである。

こういう理屈でイラク侵攻を支持したので、2006年8月にアメリカ議会がイラク侵攻の大義がなかったと認定して、ブッシュ前政権が窮地に陥っても、イラク侵攻に加担したイギリスのブレア前首相が退陣表明を行なっても、当時の小泉首相だけはどこ吹く風でいられたのである。こんなことで世界から相手にされるはずがない。

アメリカにとって、小泉元首相の靖国参拝は都合がよかったことだろう。中国が日本に激しく反発するからである。じつは、日本と中国が仲良くすることが、経済的には、アメリカにとって一番怖いのである。中国も日本を悪者にすれば、内政の不満を外に向けられるので都合がいい。日本と中国、インドを中心とするアジア共同体を作られでもしたら、アメリカ経済が崩壊するのはほぼ間違いない。

アジア共同体ができれば、アジア経済の成長の為に日本の経済力・技術力・資金力が投入され、域内循環が主流となるので、アメリカへの経済依存度は劇的に低下するからである。日本は、為替差損のアメリカへの貢納という「経済的・金融的奴隷状態」から最後的に解放される。

そうすれば、EU（欧州連合）においてある程度、高賃金・高福祉（ただし高負担）・長期休暇を労働者・庶民に提供してきたドイツのように、少しは労働者・庶民本位の経済システムに転換することができる。

だがしかし、現状においてアメリカがそれを絶対に許すことはない。ユーロ導入によって、米ドルはヨーロッパから排除されたが、アメリカは、ヨーロッパだからそれを認めたのだと思う。アメリカがアジアや中東からもドルの受け取りを拒否されれば、自国経済が崩壊する。アメリカには、ほとんど外貨がないからである。ドルを国際基軸通貨として諸外国が受け取ってくれるうちは、アメリカは、貿易収支赤字にほとんど頓着する必要はない。輪転機でドルを刷れば、「紙」切れのドルで外国から消費財を買えるからである。

しかし、経常収支の赤字が景気の低迷で減っているものの、住宅バブル期の時のように8000億ドルを超えるとなるとドル暴落の危険性が著しく高まる。それを予期したEUはいち早く回避行動に出た。ヨーロッパは、1999年についに域内単一通貨ユーロを導入することで、ドル暴落の危険性という魔の手から解放された。

こうした中で行なわれたアメリカによるイラク侵攻の経済的な要因というのは、イラクがドルによる石油代金の受け取り拒否を国連に認めさせたことにある。これをきっかけにして、中東で広くドル受け取り拒否の動きが出た。これを放置したらアメリカは、「紙」切れのドルで石油が買えなくなる。

かくして、消費財を購入する為の外貨ユーロがないので、アメリカは、「紙」切れであるドルを「金」だとイラクにいわせて、世界中に「金」として受け取らせようとして、イラク侵攻を断行したのである。

歴史的には、世界貨幣は金ないしは銀である。管理通貨制のように、強制的に無価値の紙を受け取らせる国家権力が存在しないからである。

だが、アメリカは「国際的国家権力」として、すなわち超絶的軍事力を行使して、世界中に「紙」切れのドルを受け取らせようとした。ここに、現代における国際通貨の流通根拠は軍事力であると考える大きな根拠がある。ところが、アメリカはイラク戦争でほぼ敗北した。このことは、「紙」切れを武力で無理やり受け取らせるという暴挙が破綻したという点で画期的である。

ドルは、何の価値もない第二次大戦中の日本軍の軍票と同じなのである。軍事力で敗北すれば、誰ももの売らない。当たり前である。

アジア諸国もアジア共同体を構築して、アメリカのドル体制から離脱したら、アメリカは、自国の国民に消費財を提供できなくなる。そうすれば、軍事費を激減させて、もの作りに励まなければならなくなるので、世界平和と国際通貨システムの安定にとってはいいことである。

そのために、アジア共同体の設立は、絶対不可欠なのであるが、覇権国家アメリカがその存続をかけて抵抗するであろう。

経済構造改革の帰結

小泉構造改革は、圧倒的な国民的「支持」によって進められた。国民は、無駄な道路を作らない、官僚支配を打破し、官の無駄遣いを徹底的に排除する、天下りの温床である無駄な公的金融機関を廃止する、100年安心の年金制度を作る、地方分権を進める、郵政民営化を行なう、銀行の不良債権問題を解決する、などの改革によって、景気を回復させるものの、消費税率の引き上げや、大衆増税をしないことを期待した。

ただし、従来の自民党ではできなかったことを断行するのだから、改革には、痛みが伴なうので、それは甘受してほしいと首相がいうと、多くの国民はそれをいとも素直に受け入れた。

しかし、国際的には、アメリカとの同盟関係を強化することが、アジア諸国との関係もうまくいくことの前提であるという「詭弁」を駆使して、アメリカの世界戦略に積極的に協力するとともに、北朝鮮の脅威を利用して、国土防衛の為に「憲法」を改正すべしという世論を醸成してきた。世論の右傾化誘導に成功した。

アメリカのイラク侵攻に協力すべく、自衛隊のイラク派遣を国民に無理やり認めさせた。自民党総裁選の公約だと称して靖国参拝を強行し、アジア外交に深刻な行き詰まりをもたらした。

もともと自民党政治を変える気などさらさらないのであるから、ほとんどの改革は、まったく行なわれないか、中途半端に終わった。

国民の「圧倒的支持」の下に、国民に痛みを強いるのが真の目的の改革なので、消費税以外の増税が行なわれた。小泉構造改革に淡い期待をいだいて支持してきた高齢者層が、突然、目をむくような住民税の請求がきてびっくりした。そんなはずでは、といっても後の祭りであった。

小泉元政権が比較的高い支持率を維持できたのは、政権が成立してまもなく株価と景気が底入れしたからである。これは、アメリカの経営者が就任当初、凄まじい赤字を出すことに似ていた。その赤字は、あくまで前経営者の責任である。マイナスから出発するのでその後のV字回復は極めて容易である。そうすると名経営者になる。これがアメリカの経営者の常套手段である。

経営危機に陥った自動車会社を見事に「蘇らせた」ある社長は、名経営者といわれた。だが、その実態たるや首切りと工場閉鎖、下請け・部品企業いじめ、研究開発費の削減による利益の水増しなどである。こんなことは誰でもできる。

いい車を作って販売台数が順調に増えれば、名経営者ということになるのだろうが、そうはなっていない。経費の削減で環境対策車の開発を怠ったので、世界経済・金融危機の中で自動車が売れなくなっている。小泉改革なるものもこれと同じである。

銀行の不良債権問題解決の為に青天井ともいえる公的資金が使えるようになっていたので、この問題の解決は難しくはなかった。実際には、2003年5月に、りそなグループに巨額の公的資金を導入して救済し、株価全体を無理やり引き上げたことによって、銀行が大儲けできたからである。不良債権問題を解決できれば平成不況を克服することができた。

小泉元政権が集中的に取り組んだのは、大企業の労働コストを劇的に削減させるようなことをバックアップしたことである。大企業を中心に、正規雇用から非正規雇用への大転換が急激に行なわれた。非正規雇用であったとしても失業者ではないので、失業率が下がって政権の手柄にもなる。景気回復したということになる。だから、非正規雇用の増加は、政権にとって好ましいことであったことだろう。

「大きな政府から、小さな政府」に移行するには、歳出削減が必要だということで、福祉の切り下げ、低所得者層への増税、生活保護費の削減などが断行され、経済格差が凄まじい広がりをみせている。

「努力したら報われる社会」というのは、もっともらしい主張である。だが、これも「詭弁」である。努力してみんな報われたら、そんないいことはないからである。ほとんどの労働者・庶民は、一生懸命がんばって生きているのに、ほとんど報われない。それが現実である。だから、格差を縮小する為に、ヨーロッパ大陸諸国は苦労しているのである。

結果の平等は「社会主義」だからだめで、誰でも成功できるように機会の平等が必要だという。だったら、たとえば、保育所を含めて大学院に至るまで学校の授業料はすべて無料にし、給付型の奨学金を充実し、どんな低所得者層でも本人の努力で大学院博士課程まで行けるようにしなければならない。そんなことをするつもりはまったくないのに、機会の平等という。

だから、努力して報われたら、あまり税金を取るなということになる。この間、所得税と住民税と合計した最高税率は88％から50％に引き下げられた。１００億円稼いだら支払わなければならない税金が88億円から50億円まで引き下げられた。だから、報われるようにがんばれという。

こんな人はほんの一握りである。せめて税金を70億円くらい取って、「努力しても報われない」人に回せというのは当然の主張であろう。

小泉元政権は、アメリカの要望通りに規制緩和を行なって、アメリカ金融資本の金儲けの手助けをした。

アメリカの「手先」が日本市場で傍若無人の行動をとってぼろ儲けしても、逆に小泉元政権は、これからの新しい時代を作る先駆者だと持ち上げた。こうして、金を右から左に動かして金儲けする、株を大量に買い占めて相手を脅し、高値で引き取らせてぼろ儲けする。額に汗して働くのが馬鹿馬鹿しいという風潮まで生み出した。

国民が圧倒的に「支持」した小泉改革なるものが、じつは、期待したものとまったく違っていることに人々は突然気付かされた。

しのびよる戦争の足音、滅茶苦茶なアジア外交、もの作りの軽視、マネーゲームの横行、いくら払っても将来ほとんどもらえないだろう年金、消費税以外の凄まじい増税、著しい経済・所得格差、などなど。国民は、ようやく目が覚めた。

もしかしたら、国民は、小泉元首相本人がいったような「信長」より、「水戸黄門」をみたのかもしれない。

江戸時代の庶民・農民は、悪代官の圧制を打ち倒すべく、自らが立ち上がるのではなく、同じ支配階級の「副将軍」のお慈悲にすがった。同じ収奪者なので、そんなことをするはずもないのに、庶民の味方をする黄門様に拍手喝采する。これは、支配階級を倒して、資本主義を構築するという市民革命を経ていない日本国民の悲劇である。

徳川幕府を打ち倒して庶民が新しい政権を樹立することのなかったところに、小泉元政権が国民の「支持」のもとに反国民的政策を実行できた最大の理由があると思う。この欺瞞に対して、国民がノーを突き付けたのが、2009年8月30日の総選挙であった。自民党が119議席まで激減するという歴史的敗北を喫したからである。

2009年総選挙

小泉元首相は、2006年9月に自由民主党総裁の任期切れで、退陣した。後継の安倍政権は、構造改革の継続を標榜しながら、自民党から追い出したはずの郵政民営化反対のいわゆる「抵抗勢力」を復党させて、構造改革の後退を人々に印象付けた。

とくに深刻なことは、年金を掛け続けたにもかかわらず、社会保険庁のミスで契約者が特定できないケースが山ほど出てきたことである。掛け金を支払った証拠を示さなければ、年金の支払いはできないということになった。

銀行に預金したのに、「銀行のミスで預金者を特定するデータがなくなりました、預金通帳がない人には、預金の払い戻しはできません」というのとまったく同じである。

もし、銀行がこんなことをしたら確実に清算される。銀行経営者は、厳しい処分を受けるだろう。ところが、国家だとデータもないのに、「最後の一人まで年金を支払います」というだけですんでしまう。

これは、生命・健康・財産を守ってくれるということを国家と国民が契約しているという「社会契約論」からすれば、重大な契約違反である。国民が政府を転覆するという革命権を行使できる。だから、２００７年7月に行なわれた参議院選挙で自民党は惨敗した。日本国民による歴史上初めての「市民革命」なのかもしれない。

20世紀末から21世紀初頭にかけて、平成大不況が深刻化し、１９２９年世界大恐慌以降初めて工業国で深刻なデフレに見舞われた。

したがって、デフレ克服の為に、構造改革ではなくて、賃上げ・労働条件の向上、福祉充実、長期休暇、地球環境保全などで、内需拡大型の経済システムに大転換しなければならなかった。アメリカ依存型経済と公共投資による内需拡大型経済成長モデルを根本的に転換しなければならなかった。

アメリカの住宅バブルと重なったので、内需拡大型経済システムに転換する絶好のチャンスが訪れた。

ところが、構造改革は、大企業や金融資本の利潤拡大による経済成長を実現する為に、利潤拡大の桎梏となる労働コストを最大限引き下げるというものなので、個人消費はほとんど伸びなかった。それにもかかわらず、アメリカの住宅バブル期に日本経済は、戦後最長の「好景気」を謳歌した。輸出と設備投資が拡大した結果としての好景気にすぎなかったのである。

したがって、世界経済・金融危機でアメリカの個人消費が激減し、外需が激減したので、ただでさえ冷え込んでいる個人消費と相まって、深刻な景気の低迷に襲われているのである。アメリカの住宅バブル期に内需拡大型経済システムに転換していれば、そんなことはなかったであろう。日本の経済史において、数少ない絶好のチャンスを逃したのである。

第二次大戦後に構築された「一億中流社会」では、「労働者階級」は存在しなかった。国民すべてが「中流」であれば、政党は一つで十分であった。欧米のように、労働者階級が存在すれば、資本の側の政党と労働者側の政党の二大政党が必要である。戦後、事実上、自民党の一党支配が存続できたのは、その為である。

しかし、小泉構造改革は、非正規雇用という形で戦後の日本に初めて「労働者階級」を登場させた。その数じつに1000万人を超える。逆説的な意味で、小泉構造改革の歴史的「意義」がここにある。

小泉元首相のいった「自民党をぶっ潰す」という意味は、それまで、公共投資という甘い汁を吸い、自民党を牛耳ってきた敵対派閥を潰すという意味であっただろう。事実、敵対派閥は事実上消滅した。

しかし、小泉元首相は、構造改革自体が自民党を潰すということをまったく理解していなかった。構造改革に、その崩壊が不可欠に内包されているということをまったく理解できなかったのである。国民に「目くらまし」のつもりでいっただけで、本気で潰す気などなかったにもかかわらず、本当に潰れてしまったのはその為である。

安倍政権は参議院選挙で惨敗しにもかかわらず居直った。ところがじきに政権を投げ出した。続く福田政権も1年足らずで政権を投げ出した。国民的人気があると誤解した自民党は、麻生政権を樹立したものの、化けの皮はすぐに剝がれた。

そして、ついに2009年8月30日に行なわれた総選挙で、自民党は300議席から119議席と歴史的な惨敗を喫した。戦後初めて本格的な政権交代が実現した。

これはおそらく、イギリスやフランスに200年以上遅れた、歴史上初めての本格的な「市民革命」であろう。もちろん、政権を握った民主党は、じきに国民から見放されたが。要は、政権を交代することが大事だったのである。

第三章　アメリカの住宅バブルと金融危機

1　アメリカの住宅バブル

株式バブル

1971年に金との繋がりを断った米ドルの信認を維持するために、好景気の実現は絶対命令となったアメリカは、冷戦下の科学・技術開発の極めて大きな成果である「IT革命」を「新産業革命」だという幻想を人々に抱かせようとした。

そのために、1993年に、軍事的要請で開発されたインターネットの民間での本格的普及を図った。さらに、95年、意図的にドル高政策を採用して、日欧から投資資金を吸収し、株価の高揚をもくろんだ。その結果、ネット関連株の暴騰という株式バブルが発生した。

株式バブルにより、アメリカ金融資本は膨大な利益を獲得し、個人金融資産の約半分が株絡みの金融商品なので、資産効果などにより個人消費が著しく拡大した。

そうすると日本や中国、インドなどの景気が高揚した。ヨーロッパは、地域統合を進めていたので、さほどアメリカに依存しなかったが、日本や中国は、国際競争力のある消費財産業を持たないアメリカに輸出を拡大し、低賃金下のインドは、アメリカのＩＴ産業の下請けを行なったので、景気が高揚した。

２０００年初頭にアメリカの株式バブルが崩壊すると、投機資金は、原油市場に流入し、原油価格が暴騰した。投機資本は、膨大な投機利益を獲得したものの、アメリカ経済としては、「紙」幣ドルを世界に受け取らせるために、景気の高揚を続けなければならなかった。そうしなければ、アメリカ国民は、消費財を購入できなかった。まさに国家的「自転車操業」であった。

株式バブルは、アメリカが冷戦下でのハイテク技術開発の成果を「ＩＴ革命」という形で演出した上で、世界から大規模な投資資金を株式市場に投入させたことによって実現した。それはまた、ドルの対抗通貨として台頭する可能性の高い単一通貨ユーロの国際通貨化を阻止するという意図からでもあった。

イラク侵攻の失敗を取り繕うために、アメリカは、ますます景気の高揚政策の遂行を迫られることになったのである。

住宅バブルの形成

株式バブル（ネット・バブル）が２０００年初頭に崩壊すると、アメリカの中央銀行ＦＲＢは、積極的な利下げによって、景気のてこ入れを行なった。そこで、官民挙げて、住宅バブル形成を推進した。ブッシュ前大統領も低所得者層への住宅ローン供与推進を提唱した。

新規の住宅ローンを大量に貸し出せば、住宅価格が上昇する。借り換えで住宅をグレードアップするのが、アメリカン・ドリーム実現の第一歩なので、値上がりした分をキャッシュ・アウト（現金化）して消費に回す。また、新規に住宅ローンを組んで新しいグレードアップした住宅に移る。

こうして、個人消費が拡大して景気がよくなる。日本や中国など世界からアメリカへの輸出が増えて世界的な好景気になる。

住宅ローンをどんどん貸し付けることができるのは、住宅ローン債権を証券化して、売却することで、資金回収が容易だったからである。そのためには、どうしても売れる証券化商品でなければならない。

金融「工学」を使うと、信用力の低い借り手に対するリスクの高い住宅ローン、すなわちサブプライム関連金融商品を含んだものであったとしても、リスクが低くなったという。たとえば、10％のデフォルト率の金融商品10個を一まとめにすると、すべて同時にデフォルトする確率は低くなるのでリスクは低くなるからである。

しかも、サブプライム関連金融商品価格が下落したらその分保証するというＣＤＳ（クレジット・デフォルト・スワップ）を買うと、リスクは低減する。プレミアム（保険料）を払えば損失分を補填してくれるからである。それに格付け会社が最高格付けであるＡＡＡを付けると飛ぶように売れる。

住宅バブルは、こうした一見「好循環」の下で発生した。サブプライム関連金融商品がどんどん売れるので、回収資金はさらに住宅ローンとして貸し付けられた。こうして、新規の住宅需要が出てくるので、住宅価格も上昇した。リスクの高い借り手に対する住宅ローンもデフォルトを起こさなかった。売却すると借り入れ元本を返済できたからである。

住宅価格が上昇していたので、ＣＤＳの販売者は、プレミアム分をまるまる儲けることができた。その規模は２００７年末で６０００兆円まで膨れ上がった。

ヘッジファンドをはじめ、投資銀行や銀行の資産運用子会社などは、サブプライム関連金融商品投資で膨大な利益を獲得することができた。投資銀行は、自己資本に対して、借り入れ資金などを激増させるという、レバレッジ比率を大幅に引き上げた。政府にレバレッジ規制を撤廃させることに成功したからである。

どうして世界経済・金融危機をもたらすまで、投資銀行などの金融資本が暴走したのか。それは、金融資本にとって、サブプライム関連金融商品投資は、ＣＤＳによって保証されていたので、原則として「リスクフリー（リスクがない）」だったからであった。決して、「リスク」を取りすぎたわけではない。

だから、「リスクフリー」のサブプライム関連金融商品が世界中で購入されたのである。アメリカで住宅価格が上昇していれば、リスクが軽減されるので、低価格で購入できる。ほとんどデフォルトしないので、CDSもプレミアムだけをもらえる。このCDSもサブプライム関連金融商品に組み込まれた。

要するに、住宅バブルというのは、膨大な「ノーリスク・ハイリターン」のサブプライムローンなど住宅ローン関連金融商品が世界中に購入されて発生したというところに、本質があったのである。

金融資本の株主は、とことん儲けて配当することを推奨したので、経営者は、徹底的な収益向上を目指した。金融資本の多くの資金運用者は、成功報酬制度の下で業務を行なっていたので、短期的利益のみを徹底的に追求し、膨大な成功報酬を手に入れた。

投資ファンドの運用者も、委託者に最大限の利益を提供する為に運用していたので、徹底的に短期利益を追求した。長期的安定的にパフォーマンスを追求する本来の投資家ではなかった。

しかも、サブプライムローンの供与などによる住宅バブルで世界的な景気高揚がもたらされたというのは、住宅を「原資産」とする壮大な「デリバティブ」であったところに事態の本質があった。だから、住宅価格を引き上げる為に、住宅ローンを供与し続けなければならなかった。アメリカは、移民の流入により人口が増加していたこともさいわいした。

最初は健全な借り手へのプライムローン、次に、少し信用力の落ちるアルトローン、そして信用力の低いサブプライムローンが貸し付けられていった。ついには、NINJAローンまで登場した。

「ノーインカム（NI）・ノージョッブ（NJ）・ノーアセット（NA)」、すなわち「所得なし、仕事なし、資産なし」という究極の借り手にまで住宅ローンが提供された。新規需要がなくなれば、「ウサギ小屋ローン」でも供与しないかぎり、住宅価格は上昇しない。この「原資産」価格の変調により、サブプライムローンを中心とする住宅ローン関連金融商品市場が崩壊した。

取引が完全に止まったので、時価会計の下では、膨大な評価損を出さなければならない。CDS市場もまったく機能しなくなった。

ヘッジファンドなどの投機資本は、損失を補塡すべく、損切りした資金や売り抜けた資金を原油市場に投入した。住宅バブルが発生して、一時的に高止まっていたアメリカの原油先物価格がふたたび暴騰し、2008年7月11日に1バレル＝147・27ドルを付けた。9月15日にサブプライム危機が爆発すると原油価格は暴落しはじめ、12月には1バレル＝30ドル台まで低下した。

かくして、サブプライム危機は、世界金融危機へと波及していったのである。世界金融危機は、今度は世界経済危機となって世界を襲った。

2　住宅バブル形成のメカニズム

サブプライムローンの供与

１９９０年代には、世界からアメリカに資金が流入して、株価が上昇し、末期になるとネット関連株が暴騰するネット・バブルが生じた。おかげで、平成大不況に苦しむ日本でも株価が上昇し、日経平均株価が2万円台を回復した。だが、バブルというのははかならず弾ける。崩壊するからバブル、すなわち泡沫（あわ）なのである。

21世紀に入るとネット・バブルが崩壊した。その結果、史上最長のアメリカの好景気はついに終息した。アメリカの景気後退だけであれば、それほど大きな影響はない。

問題は、１９９０年代からアメリカ一国が世界の需要を喚起してきたことにある。日本は長期不況の真只中にあったし、ヨーロッパはユーロ導入の準備で緊縮財政政策を断行していたので、アメリカだけが世界から資金を吸収して、好景気を牽引してきた。

ネット・バブルが崩壊したら、日本のように、アメリカはおろか、世界が長期不況に陥る可能性が高かった。そこで、次の一手が必要となった。

アメリカは、日本が不動産バブルを潰しすぎたことによる長期不況に陥った轍を踏むことはなかった。株価が下落し始めるとじきに、アメリカの中央銀行ＦＲＢは、金融政策を中立に転換した上で、金融緩和の方向に転換し、9・11同時多発テロが発生すると連続的に金利を引き下げた。大幅な金融緩和というのは、株価反転へのてこ入れであると同時に、次の好景気の牽引策の目玉に祭り上げられた住宅価格を上昇させる為であった。住宅価格を上げるには、住宅需要を喚起しなければならない。そのため、一つは、住宅ローンが借りやすくなれば、住宅需要が拡大するので、住宅ローン金利の引き下げ、もう一つは、住宅ローンの借り手を増やす措置が採られた。

こうして、株価が暴落してしばらくたった2001年頃から増加していくのが低所得者など向けのサブプライムローンである。

本来であれば、返済に問題があるので、住宅ローン供与には慎重にならなければならない。だが、膨大なサブプライムローンの供与によって、住宅需要が衰えをみせず、住宅価格が上昇したことで、この慎重さが欠如した。ローンの返済ができなくなったら、売却すれば返済できるばかりか、儲けられたからである。

したがって、この住宅バブルが崩壊すれば、サブプライムローン危機が一気に噴出することは明らかであった。

サブプライムローンの問題点

アメリカでの住宅バブル形成の意図というのは、住宅価格を引き上げて消費を拡大し、好景気を維持しようというものであったが、十分な信用力のある借り手がいなくなれば、この好循環は終結する。そこで、新たな借り手の開拓が必要となった時に、ターゲットとなったのが、本来は、住宅ローンを借りることのできなかった低所得者層などであった。

かつてアメリカで金融機関は、アフリカ系アメリカ人などの低所得者への住宅ローンの提供を拒否した。リスクの高い借り手には、融資を慎重に行なうというのは、どの金融論の教科書にも書いてあるからである。

そうすると金融機関は、「貧乏人」は家も持てないのかという批判を浴びた。これがレッドライニングといわれるものである。ところが、1977年に「地域再投資法」が制定されたこともあって、銀行は、返済が困難と思われる貧困層にも積極的に住宅ローンを供与した。住宅ローンが伸びない銀行は、住宅保有を推し進める活動家から圧力を加えられることもあったという。

この「融資差別」を反省して、低所得者にも良質の住宅を供給するという「大義名分」の下に、銀行や住宅ローン会社は、大量のサブプライムローンを貸し付けたのであろう。金儲けだけが目的だったにもかかわらず。おかげで、持ち家比率は1995年あたりから上昇した。

サブプライムローンは主に低所得者向けなので、金融機関は、高いリスクに見合った高いリターン、すなわち高い金利を求める必要がある。それでは、誰も住宅ローンを借りてくれない。そこで、金融機関は、たとえば最初の2年間は低い金利で、2年経過すると金利が上がるという住宅ローンの設定を行なって、低所得者層にも大量の住宅ローンを提供した。

　こうして低所得者層も快適な住宅を持てるようになった。市場に経済運営を委ねるアメリカでは、「社会政策」も民間が行なうようであるが、まさに、その通りになったのである。

　ただ、金利が跳ね上がってしまうと、利払い不能というデフォルトに陥る。だが、住宅価格が上昇していたら売ればいいだけのことである。値上がり分が儲けになる。このお金で今まで買えなかったものを買うことができる。こうして、消費が拡大して、好景気が続く。要は、金融機関が低所得者層にも住宅投機をけしかけただけのことなのである。

　このような好循環が続くという大前提は、住宅価格が永遠に上昇するということである。そんなことは絶対にありえないのに、皆その前提で行動する。いずれ、住宅価格が下落するという大前提が崩れて、「大恐慌」が起こるのである。これは歴史の法則である。

住宅ローンの証券化

　サブプライムローンは、銀行の他、住宅ローン会社などがとことん貸し付けた。銀行は、本来、そんなにむやみやたらに貸し付けることはできない。元本保証の預金を集めるので、リスクの高い借り手に大量に貸して焦げ付いたら、預金者に元本を保証できないからである。

　住宅ローン会社などが貸し付けた住宅ローンは、投資銀行（日本でいう証券会社）が買い取って証券化して販売した。したがって、住宅ローン会社がいくら低所得者層に貸し付けても、貸付リスクは残らないし、すぐに資金が戻ってくるので、新たに住宅ローンを提供することができた。

こうして、アメリカの住宅ローン会社などは、いくらでも住宅ローンを貸し付けることができたのである。ただ、その前提は、投資銀行などが際限なく住宅ローン債権を買い続けてくれるということである。リスクの高いサブプライムローン債権がいつまでも売れるはずがないのに。まさにバブル状態にあった。

投資銀行などが、サブプライムローン債権を担保にした証券化商品である住宅ローン債権担保証券を組み込んだサブプライムローン関連金融商品を、世界中で広範に購入される有利な金融商品となるように組成したからである。

本来、サブプライムローン関連金融商品は、信用リスクの高い低所得者向けの住宅ローンをもとにしているので格付けは低いはずである。ところが、投資銀行などが金融「工学」という高度の組成手法を駆使して、このリスクの高い証券の一部とその他の証券を組み合わせて、より格付けの高い証券（CDO－債務担保証券）、すなわちサブプライムローン関連金融商品を組成した。こうして、広範な投資家が購入できるようになったのである。

金融「工学」と証券化商品

サブプライムローンなどの住宅ローン関連証券が世界中で売れるためには、さまざまな細工が必要であった。それは、一つは、格付けを高くするように組成することと格付け会社が高格付けを付けること、もう一つは、住宅ローン関連金融商品に対する信用保証を行なうこと、などである。これは、「良好な金融商品」を求めるさまざまな投資家のニーズに応える為でもあった。

金融「工学」を駆使すれば、同じリスクを抱える金融商品を組み合わせて組成することで金融商品のリスクを下げることができるという。同時にリスクが顕在化する確率は、通常、低いからである。格付け会社も金融「工学」を駆使して格付けを行なうようになっているので、理論的には、高い格付けを付けることもできるとして、実際に一部のサブプライムローン関連金融商品には、最高の格付けであるトリプルAが付いた。

アメリカで手数料を取って信用保証を行なうことを専門とする保険会社をモノラインという。自動車保険や火災保険などあらゆる保険業務を行なうのがマルチラインである。このモノラインの他、保険会社などが、サブプライムローン関連金融商品の信用保証を行なっていた。これがクレジット・デフォルト・スワップ（CDS）である。

保険会社などの金融資本がサブプライムローンなどの住宅ローン関連金融商品の信用保証を行

なうことによって、格付けがさらに上昇した。こうして、本来リスクが高いはずなのに、サブプライムローンなどの住宅ローン関連金融商品が極めて「良質な金融商品」に化けたのである。「高度」の金融「工学」を駆使することによって、本来、低格付けのはずのサブプライムローンを含んでいるとしても、高格付け、中格付け、低格付けのサブプライムローン関連金融商品を組成することができるようになった。三種類のサブプライムローン関連金融商品が市場に提供されることによって、広範な投資家のニーズに応えることができるようになった。

アメリカで好景気が続き、住宅価格も上昇したので、有利な投資先を血眼になって捜し求めていた世界の投資家が、アメリカの提供する有利なサブプライムローンなどの住宅ローン関連金融商品に群がることになった。

高格付けのサブプライムローン関連金融商品は、保険会社など格付けが高くないと投資できない機関投資家が大量に購入した。金融資本や個人投資家なども大量に投資した。

ネット・バブルが崩壊してから投機資金は、原油市場に向かったので原油価格が上昇したが、そのおかげで、有利な投資先を求めるオイルマネーにとっては、格好の投資対象となった。

ヘッジファンドは、大口投資家から大口資金を集めて、リターンの高い、すなわち低格付けのサブプライムローン関連金融商品などに大量に投資した。同時に、レバレッジを上げるために、超低金利下の日本で巨額の円資金を調達して、サブプライムローン関連金融商品などに投資し、巨額の利益を上げた。これがいわゆる円キャリートレード（円借り取引）である。

金融資本は、販売用だけでなく、投資用にもサブプライムローンなどの住宅ローン関連証券を大量に保有した。とくに、銀行は、金儲けをする為の投資子会社を設立した。この投資子会社は、コマーシャルペーパー（ＣＰ）という一種の証券を発行して資金を調達して、積極的にサブプライムローン関連金融商品に投資した。

子会社が、低コストで資金調達できれば、より多くの利益を得られる。そのためには、投資子会社の格付けを引き上げる必要がある。そこで、親銀行は、子会社が発行したコマーシャル・ペーパーの償還資金繰りに窮した場合、資金供給をするというコミットメントラインというのを締結していた。

バブルは必ず崩壊する。弾けるからバブルなのである。これが歴史の法則である。アメリカで健全な借り手に住宅ローンを貸し付け、それが頭打ちになると、低所得者に住宅ローンをどんどん提供した。その貸し付けが限界になると、借り換え需要はあるものの、新規の住宅需要は激減していく。そうすると、住宅価格の上昇率が低下していき、ついには下落する。

こうして、好循環が逆回転することによって、サブプライム危機が到来したのである。それを加速したのがＣＤＳにほかならなかった。

クレジット・デフォルト・スワップ（ＣＤＳ）

２００８年９月に中央銀行（ＦＲＢ）によって救済されたＡＩＧは、世界中に保険顧客を抱える保険会社であるが、クレジット・デフォルト・スワップ（ＣＤＳ）という融資や債券を保証する金融商品を世界的に販売していた。

したがって、ＡＩＧが破綻すれば、世界中の金融機関が膨大な損失を抱え、金融システムが崩壊する可能性があった。このＣＤＳとは、はたしてどんなものなのか。

ＣＤＳというのは、貸出債権や債券の信用リスクをスワップやオプションという形で売買するクレジットデリバティブの一つである。

クレジットデリバティブの中心はＣＤＳであるが、他に債券の生み出すすべての収益（クーポンと評価損益）を市場金利と交換するトータル・レート・リターン・スワップ（ＴＲＯＲ）と信用リスクを別の債券の信用に結び付けたクレジット・リンク債（ＣＬＮ）などがある。クレジットデリバティブの取引は、業者どうしの相対で行なわれる。

従来のデリバティブは、たとえば株価の下落など市場での価格が下落することで、保有資産に損失が出る可能性（市場リスク）のリスクを売買する取引であるが、クレジットデリバティブは、融資や債券の元本と利息を回収できなくなる可能性（信用リスク）のリスクを売買する取引である。

たとえば、10億円を企業に融資したA銀行（保証の買い手）が、B銀行（保証の売り手）と融資保証契約を結ぶ。A銀行はB銀行にプレミアム（保証料）を支払い、企業が倒産するとB銀行が企業に代わってA銀行に10億円を支払う。債券の場合も同様で、債券を保有しているAはBにプレミアムを支払い、デフォルトなどが発生した場合に契約金額をBがAに支払うことになる。

何もなければ、保証の売り手はプレミアムがまる儲けとなる。景気がよく、証券市場が高揚していれば、極めていい投資先となる。

CDSは、銀行などが信用リスクを転嫁し、引当金を減らすという目的で開発されたので、最初の頃は、企業の倒産確率などに基づいて計算されたデフォルト率によって適正な水準で推移したが、2002年のワールド・コムやエンロンの破綻に際して、CDS市場が有効に機能したこともあって、その後、急速に普及することになった。

しかしながら、アメリカ経済が回復するにつれてデフォルト率が低下していくと、CDS市場にヘッジファンドが参入することで大きく変質していくことになった。好景気に移行するにつれて、CDSのプレミアムは、企業の倒産リスクと個人の破綻リスクよりもはるかに低下していくことになった。

そうすると、リスク回避が可能となった金融機関は、サブプライムローンを著しく拡大するとともに、ヘッジファンドなどの投資ファンド、不動産向けの格付けの低いローンなど高リスクの融資を拡大していった。

このCDSを組み込んだ債務担保証券（CDO）も大量に発行されるようになった。こうして、アメリカにおける住宅バブルという「あだ花」が全面開花することになった。

CDSの想定元本は、住宅バブルとともに、2002年末2・2兆ドル、05年末17・1兆ドル、07年末62・2兆ドル（じつに約5600兆円）に激増した。それは、アメリカでは、デリバティブ取引にほとんど規制がなされなかっただけでなく、さらに拡大させるべく、金融規制緩和が行なわれてきたからである。

本来、銀行の信用リスクを回避する為に開発されたCDSが、アメリカの住宅バブルの醸成に大きな役割を果たした。しかし、サブプライムローンという信用力の低い借り手にまで住宅ローンを提供し、そのローンを証券化した金融商品の信用保証が行なわれた。

ヘッジファンドは、レバレッジをかける為に膨大な資金を銀行から借り入れたが、CDSは、その信用保証も利用された。

史上まれにみる住宅バブルが崩壊し、住宅価格が下落に転じ、サブプライム危機が顕在化すると市場リスクが前面に出ることによって、信用リスクを金融商品にしたCDS市場が瓦解することになったのである。

2008年3月に破綻したベアー・スターンズには、同じ証券大手でもFRBが特別融資を行なったにもかかわらず、半年後の9月にリーマン・ブラザーズに公的支援を行なわなかったのは、CDSの契約額が少なかったからであるといわれている。

リーマン・ブラザーズ発行債券5000億ドルあまりの保証をしていたのが、AIGであるといわれている。AIGは、膨大なCDS契約高を有しており、もし破綻すれば、信用保証ができなくなり、信用連鎖が崩壊し、「金融恐慌」が勃発しかねなかったので、FRBによって救済されたのであろう。

アメリカの住宅バブル下の国際金融市場は、まさに博打場と化した。それは、グローバリゼーションの名の下、アメリカの新自由主義が世界に波及したからであった。国際金融危機に見舞われている現在、新自由主義の風潮に歯止めをかけ、傍若無人に世界を徘徊するヘッジファンドや金融資本の行動に厳格な規制をかけなければならない。

3　世界金融危機の顚末

サブプライム危機の顕在化

2008年9月15日、かねてから経営危機を囁かれていた米証券4位のリーマン・ブラザーズは、米「連邦破産法」11条の適用を申請して破綻し、ついに世界経済・金融危機をもたらしたサブプライム危機が爆発した。負債総額は6130億ドルの巨額にのぼり、アメリカ史上最大の経営破綻となった。同日、巨額の損失を抱えた米証券3位のメリルリンチは、米銀行2位のバンク・オブ・アメリカに救済合併されることになった。

2月にはかねてから経営危機が懸念されていた英銀ノーザン・ロックが国有化されたが、3月16日には、経営危機に陥っていた米証券5位のベアー・スターンズが米中央銀行FRBから290億ドルの特別融資という公的支援を受けて、米銀行3位のJPモルガン・チェースに救済合併された。

公的支援による救済合併によって、金融危機はとりあえず沈静化したようにみえたが、7月にインディマックが取り付けに会うと、500兆円もの住宅ローン担保証券を発行し、世界中に売却している政府系住宅金融機関（GSE）の連邦住宅抵当金庫（ファニーメイ）と連邦住宅貸付抵当公社（フレディーマック）の経営危機に対処すべく、7月26日に米議会上院は「住宅救済法案」を可決した。

同法は、ファニーメイとフレディーマックなどへの政府融資枠の大幅な拡大と政府による株式購入による資本注入などを可能にするものである。

さらに、住宅減税（約150億ドル）、地方自治体による低利ローンなどの財源としての地方債発行枠の設定（約110億ドル）、差し押さえ住宅を州政府などが買い取って再生する予算（約39

億ドル）なども用意された。

ついに9月7日、経営危機に陥っていた政府系住宅金融機関のファニーメイとフレディーマックの経営を政府の管理下におき、公的資金による資本注入を行なって救済する措置が採られた。両行の発行する住宅ローン担保証券約500兆円のうち150兆円以上の証券化商品が世界中に販売されていたからである。両行が破綻すれば、これらの証券化商品価格が暴落してしまう危険があった。

このように、アメリカ政府は、公的支援や公的措置の決定などによって金融危機の爆発をとりあえず回避してきた。

ところが、巨額の負債を抱えるリーマン・ブラザーズを救済合併しようという金融機関は現われなかった。買収しても巨額の不良資産を背負い込むので、救済合併をする金融機関などなかった。低所得者など向け住宅ローンであるサブプライムローンが住宅価格の下落で焦げ付き、サブプライム関連金融商品市場がパニックに陥り、ほとんどの金融機関が膨大な損失を抱えていたからである。それにもかかわらず、政府は公的支援を拒否した。

リーマン・ブラザーズが経営破綻すると、ついにサブプライム「恐慌」勃発かということになって、アメリカの15日（月）のダウ平均株価の終値は、前の週末と比べてじつに504・48ドル安い1万917・51ドルまで暴落した。下げ幅は、1987年10月のブラックマンデーに次ぐ、史上6位であった。

16日には東京市場も暴落し、日経平均株価は、前の週末と比べて605円4銭下落した。ヨーロッパやアジア市場でも株価が下落し、世界同時株安となった。

AIGへの救済融資

公的支援を得られず、リーマン・ブラザーズが経営破綻すると、次はどこが破綻するかということになった。

米保険最大手、世界最大のAIGは、経営危機に対する懸念が高まっていたので、株価は下落してきていたが、15日になると前の週末と比べて61％下落して4ドル台まで売り込まれ、16日には一時1・25ドルまで暴落した。

民間金融機関であるベアー・スターンズは、公的支援を得られたものの、リーマン・ブラザーズは受けられなかった。一度目の公的支援は忘れたのか、米前財務長官は、民間金融機関に税金を導入することはできないと突っぱねた。だから、AIGが公的支援を受けられなければ、経営破綻に陥ることは、火を見るより明らかであった。

そこで、ついに16日、アメリカの中央銀行（FRB）は、AIGに対して2年間にわたり最大850億ドルの緊急つなぎ融資を行なうと発表した。FRBは、緊急融資の担保としてAIGの株式79・9%を取得する権利を獲得した。その後、10月8日には、378億ドルを上限に資金の追加供給を行なうと発表した。FRBからの融資枠総額は1228億ドルに膨れ上がった。

それにしても、どうして、FRBはAIGを救済して、リーマン・ブラザーズを破綻させたのかという疑問が出るのは当然のことであろう。

中央銀行は広い意味で政府機関であって、その資金は公的資金であるが、税金を投入したわけではなく、あくまでも緊急つなぎ融資であるという理屈かもしれない。返却されるのであるし、もし返却されなくても、株式を担保にとっているというのかもしれない（破綻すれば株式は無価値になるのだが）。

同時に、AIGは、世界中に保険顧客を抱える保険会社であるが、保険商品の販売にとどまらず、サブプライム関連金融商品の元本を保証する巨額のクレジット・デフォルト・スワップ（CDS）契約を締結していた。

もし、AIGが経営破綻すれば、膨大なCDSの契約が反古にされ、サブプライムローンなどの住宅ローン関連金融商品の損失が拡大し、金融機関の損失が膨大なものになる可能性があった。そうすると、銀行の支払い・決済システムも甚大な被害を受ける。アメリカはおろか、世界の金融システムが崩壊してしまう。

AIG救済によって、サブプライム危機の沈静化が期待された。しかしながら、この危機は、それほど簡単に終息するような単純なものではなかった。ＦＲＢのグリーンスパン前議長は、「1世紀に一度の危機」といった。

アメリカのネット・バブルと住宅バブルが異常なものだったからである。住宅バブルが崩壊したので、とりわけサブプライムローンが焦げ付き、住宅ローンを証券化した金融商品価格も暴落した。膨大なサブプライムローンなどの住宅ローン関連金融商品を抱える金融資本は、巨額の評価損を計上した。住宅価格の下落が続くかぎり、サブプライム危機は収まることはない。

損失を利益で償却するとか、増資に応じてくれる投資家がいる金融機関は生き残ることができるが、それができない金融機関は、どんどん破綻に追い込まれる。

政府と中央銀行の対応

世界経済・金融危機が顕在化した２００８年9月18日、日本銀行、欧州中央銀行、イングランド銀行、カナダ銀行、スイス国立銀行の五つの中央銀行は、アメリカの連邦準備制度理事会（ＦＲＢ）傘下のニューヨーク地区連邦準備銀行と自国の通貨とドルを売買する「スワップ協定」を締結し、入手したドル資金を、金融危機の沈静化を図るため、自国の短期金融市場に供給すると発表した。

イギリス金融大手ロイズＴＳＢは、18日、経営危機に陥っていた同じく金融大手のＨＢＯＳを株式交換で買収することになった。両社の合併によりイギリスの住宅金融市場でのシェアが高まり、「独占禁止法」に抵触する可能性が高かったが、金融市場だけでなく、住宅市場も大混乱に陥る危険性が高かったので、イギリス政府は、「独占禁止法」を適用しない意向を示し、合併を側面支援したのである。

18日夜に、米財務長官とＦＲＢ議長が緊急会談を行ない、銀行や証券会社などの不良債権問題を解決する総合対策を協議し、公的資金投入によってサブプライム危機に対処することになった。

19日には、米証券取引委員会が７９９の金融銘柄の空売りを一時的に禁止すると発表した。

25日、米貯蓄金融機関監督局は、貯蓄貸付組合最大手ワシントン・ミューチャルの業務を停止したと発表した。総資産は、6月末に約３０９7億ドルで、預金金融機関としては最大規模の銀行破綻であった。同組合の銀行業務（預金の全額1８８0億ドル）は、銀行大手ＪＰモルガン・チェースが引き継ぐことになった。買収額は19億ドルである。買収に向け、ＪＰモルガンは、80億ドルの公募増資を行なうことを発表した。

アメリカ政府と議会は、28日、最大７０００億ドルという公的資金を投入して金融機関を救済する緊急対策で合意した。

28日、ベルギー、オランダ、ルクセンブルクの3カ国政府は、経営危機に陥っていたベルギー1位の銀行フォルティスに対して、１１2億ユーロの資本注入し、事実上の国有化により救済する方針を打ち出した。

29日、イギリス政府は、中堅金融機関ブラッドフォード・アンド・ビングレーの一部国有化を発表し、預金と店舗網は、スペイン金融大手サンタンデールの傘下にあるイギリスの銀行アビー・ナショナルが引き継ぐことになった。

同日、ドイツ政府は、不動産金融大手ヒポ・リアル・エステートへの緊急資金支援、アイルランド政府は、大手金融機関グリトニル銀行の株式75％を取得し、国有化すると発表した。同日、アイスランドは、すべての銀行の国有化を発表した。

9月29日、米連邦預金公社は、米銀行2位のシティグループが、経営不安の高まっていた同6位のワコビアの銀行業務を買収すると発表した。しかし、ワコビアは、一転、ウェルズ・ファーゴとの合併で合意した。

9月29日、米議会下院は、最大7000億ドルという公的資金を投入して金融機関の不良債権を買い取ることなどを柱とする「金融安定化法案」を否決した。大儲けした投資銀行や銀行を税金で救済することへの反発が強かったからである。当然のことである。

この法案の否決により、同日のニューヨーク証券取引所のダウ工業株平均は、前週末比で777ドル安の史上最大の下げ幅を記録した。30日の日経平均株価の終値は前日比483円75銭下落した。ヨーロッパやアジアの株価も大幅に下落した。

9月30日には、ベルギー、フランス、ルクセンブルクの3カ国政府は、ベルギー2位の銀行デクシアに公的資金と民間資金合わせて64億ユーロの資本注入を行なうと発表した。事実上国有化されたフォルティスに続く銀行救済である。リーマン破綻が危機を顕在化させたという教訓から、ヨーロッパ政府は早めに対応したのである。

そして、「金融安定化法案」を修正した「金融救済法案」がついに米上院で可決された後、10月1日に下院を通過した。

同法は、金融機関向けには、

・7000億ドルの公的資金で不良債権の買い取り、

・経営陣の高額の報酬の抑制、

・政府の株式取得権の保有、証券取引委員会への時価会計の一時凍結権限の付与、

国民向けには、

・連邦預金保険公社による銀行預金の保証限度額の上限を2009年末まで10万ドルから25万ドルへの引き上げ、

・住宅課税の軽減や児童控除の拡充、

・政府保証の低金利ローンへの借り換えの促進、

企業向けには、

・研究開発や代替エネルギーの促進のための税優遇、などである。

同法が下院で可決される直前の午後1時半前には、株価も一時前日比313・41ドル高を記録したが、可決されると下落し、終値は前日比157・47ドルの下落となった。その後、株価の下落に歯止めがかからなかった。同法が世界経済・金融危機の根本的解決になるか不透明だったからである。

本格的な公的資金投入

世界経済・金融危機は、ヨーロッパでも深刻化したので、10月5日、ドイツ政府は、個人向けの銀行預金を全額保護すると発表した。全額保護は、アイルランド、ギリシャに続く措置であるが、オーストリアとデンマークも追随した。フランスも全額保護に踏み切った。

7日には、EUの財務相理事会は、破綻した銀行の個人預金の保証限度額を2万ユーロから5万ユーロに引き上げることで合意した。

10月8日には、アメリカFRB、欧州中央銀行、イギリス、カナダ、スウェーデン、スイスの6カ国中央銀行が協調して金利を引き下げると発表した。

イギリス政府は、大手銀行の救済の為に、最大500億ポンドの資本注入を行なうと発表した。

スペイン政府は、300億ユーロの救済基金を設立し、銀行の資産を買い上げる方針を打ち出した。

こうした対応にもかかわらず、株価下落が続き、10月10日、ニューヨーク証券取引所のダウ工業株平均が取引途中としては、2003年4月以来の8000ドル割れを記録した。日経平均株価も前日比881円6銭安い8276円43銭まで下落した。下落率は、史上3位を記録した。ヨーロッパとアジア諸国の株価も暴落した。

世界の株式市場の時価総額は、9月の危機爆発から1ヶ月あまりで1400兆円消滅した。10月10日には、世界経済・金融危機が深刻化していないはずの日本で、中堅生保である大和生命が経営破綻した。前日の9日は、東京証券取引所に上場している不動産投資信託（Jリート）の「ニューシティ・レジデンス投資法人」が経営破綻した。

こうした金融危機の中で、10月10日にワシントンで開催された主要7カ国財務相・中央銀行総裁会議（G7）は、各国の主要金融機関に対する公的資金による資本注入などを含む行動計画を発表した。

ヨーロッパ各国政府は、13日に経済危機対策を発表した。イギリス、フランス（400億ユーロ）、ドイツ（800億ユーロ）の3カ国をはじめヨーロッパ全体の金融機関への資本注入は合計約37兆円である。

ドイツ（4000億ユーロ）、フランス（約3200億ユーロ）、スペイン（約1000億ユーロ）、オランダ（約2000億ユーロ）、イギリス（2500億ポンド）をはじめ、ヨーロッパ全体の銀行間取引などの政府保証は約231兆円の規模となった。

アメリカ政府は、14日、総合的な金融安定化策を発表した。「金融安定化法」に基づく最大7000億ドルのうち、2500億ドルの公的資金が資本注入に充当された。危機回避の為に、金融大手9社に先行注入するとされた。発表に先立つ13日午後、金融大手9社の最高経営責任者が財務省長官会議室に集められた。

ＪＰモルガン、シティグループ、バンク・オブ・アメリカ、ゴールドマン・サックス、モルガン・スタンレー、ウェルズ・ファーゴ、バンク・オブ・ニューヨーク・メロン、ステート・ストリート、メリルリンチの大手9社は、合計約1250億ドルにもおよぶ資本注入受け入れの合意文書に署名した。

「金融安定化法」に基づいて、連邦預金保険公社（ＦＤＩＣ）は、銀行間取引などを保証する制度を導入する、中小企業が利用する無利子の決済性預金を2009年末まで全額保護する、ＦＲＢは、コマーシャル・ペーパーを購入する、批判の強い金融機関の経営者の報酬を制限する、ことになった。

16日、スイス政府は、スイス金融最大手のＵＢＳの財務体質強化の為に、60億スイス・フランの公的資金による資本注入と、不良債権処理の促進の為に、中央銀行であるスイス国立銀行が最大540億ドルの資金支援を実施することになった。

15日にダウ工業株平均が過去二番目の下げ幅を記録すると、16日の日経平均株価の終値は、前日比1089円2銭安の8458円45銭まで下落した。下落率は11・41％で1953年3月のスターリン暴落10％を上回り、史上二位を記録した。

10月17日、ドイツにおいて金融機関への公的資金の注入をはじめとする総額5000億ユーロにのぼる「金融救済法案」が議会を通過した。フランス政府は、総額3600億ユーロにのぼる金融危機対策を承認した。

しかしながら、このような救済策で一時的に株価が持ち直したものの、乱高下が続いた。

11月25日には、アメリカFRBは、個人向け金融の円滑化の為に、資金供給手段の拡大などからなる総額8000億ドルにのぼる追加金融対策を発表した。FRBは、サブプライム危機が顕在化してから、金融機関向けに公定歩合による直接貸し出し、企業の発行するコマーシャル・ペーパーの買い入れなどを行なってきたが、個人向けの金融商品に対しても介入することになった。

FRBは、政府系の住宅金融公社の保有する債権や住宅ローン担保証券（モーゲージ担保証券IMBS）の買い取りの為に6000億ドルを拠出し、順次実施していくとともに、自動車ローン、カードローン、小企業向けローンなどを裏付けにした資産担保証券の保有者に2000億ドルの貸し出しを行なうことになった。

「金融安定化法」では、本来、金融機関の不良債権を買い取ることになっていたが、実際には、資本注入に投入されたので、FRBがMBSの買い取りにより、住宅市場の回復を目指した。しかしながら、サブプライム危機対策で行なった流動性供給によって、FRBの資産は2兆ドルを超えていたが、ここで新たに最大で8000億ドルの資産を抱えることになった。

FRBの資産規模拡大は、財務内容の悪化をもたらし、結局、ドルの信認の低下ということになる。

2009年4月2日、アメリカの企業会計基準を取りまとめる独立機関であるアメリカ財務会計基準審議会（FASB）は、時価会計の適用基準を緩和することを正式に決定した。金融機関の保有する金融商品は、サブプライム危機の発生後、売買が停止してしまった。そのため、会計上は、極めて低い価格でしか評価されず、金融機関が多額の評価損益を計上し、金融危機に拍車をかけていた。

アメリカの会計基準では、市場が正常に機能していない場合には、金融商品の評価に企業独自のモデルや判断を用いることができる例外規定が設けられていたが、その適用基準というのが必ずしも明確にはなっていなかった。

そのため、この基準緩和では、市場が正常に機能していない場合というのは、「量と頻度において取引がほとんどない場合」と定義して、例外規定を適用しやすくした。同時に、満期保有を目的とした金融商品について、市場価格が下落するたびに損失を計上しなくてもすむように、時価会計の適用基準を緩和した。

この時価会計の適用基準緩和によって、2009年1〜3月期決算で、多くの金融機関がとりあえず黒字決算となった。

FRBのゼロ金利政策

アメリカの中央銀行FRBも、金融危機対応でベアー・スターンズやAIGなどへの緊急融資を行なってきた。さらに、2008年11月に住宅ローン関係の証券化商品（MBC）で6000億ドル、自動車ローンや消費者ローン、一部の小企業向けローンなどを裏付けにした資産担保証券で2000億ドルの融資制度を設定した。

2008年12月には、政策金利を年1・0%から0・0〜0・25%に引き下げ、史上初めて事実上のゼロ金利政策に踏み込んだ。マーケットへの資金供給量を拡大する信用緩和も決定した。さらに、政府機関債や住宅ローン担保証券（MBC）の購入も行なうことになった。場合によっては、長期国債も購入することになった。世界経済・金融危機対策であれば、なんでもやるという姿勢を示したのである。

このような中で、FRBの資産規模は急速に膨れ上がってきた。企業の経営支援のための手形の一種であるコマーシャル・ペーパー（CP）買い取り、金融機関への緊急融資などからなるその他資産が激増している。

その結果、金融危機以前は、90兆円規模であったものが2倍以上にも膨れ上がった。金融危機に対処する為に、さらに資産が膨れ上がることは確実である。そうすれば、膨大な不良債権を中央銀行が抱えることになる。中央銀行「倒産」ということも理論的にはありうる。もちろん、政府が不良債権を買い取るということになるので、そのような事態が生ずることはないが、財政赤字の累積と相まってドル暴落の危険性がますます高まってしまう。

アメリカの株価下落

世界経済・金融危機が深刻化する中で、2009年1月発足のオバマ政権は、矢継ぎ早に対策を打った。

2月10日には、官民が資金を出し合って、銀行などから不良債権を買い取る金融安定化計画を発表した。13日には、総額7870億ドルという大規模な「景気対策法案」が上下両院で可決された。18日、住宅ローンの焦げ付きの急増を抑えるため、ローン返済額を大幅に減らすことなどを盛り込んだ住宅救済策を発表した。

このような経済危機対策が整ったものの、株価下落が止まらなかった。

2月23日のダウ平均株価の終値は、前週末比で250・89ドル（3・41%）安の7114・78ドルと急落した。約11年ぶりの安値を更新した。2008年10〜12月期の実質GDPが前期比年率換算でマイナス6・2%減と速報値から2・4%減の大幅下方修正がなされるとともに、金融危機の一層の深刻化で、27日には、119・15ドル安の7062・93ドルに下落した。

アメリカの金融危機の爆発で、2008年10〜12月期決算まで5四半期連続で純損失を計上した米銀行大手シティグループは、アメリカ政府から公的資金450億ドルの資本注入（政府が株式を購入）を受けた。

これまでは、政府が直接普通株を買うと、事実上の国有化になってしまい、国家は市場に口出ししないという新自由主義の大原則に反するので、政府は、議決権のない優先株を購入してきた。ところが、2009年2月28日に、この優先株を議決権のある普通株に転換し、政府が最大で36%を保有する筆頭株主になることで合意した。事実上の銀行国有化である。アメリカ政府は、金融危機対策を大義名分に、平気で朝令暮改政治を行なったのである。

そうすると、2009年1〜3月期決算は、6四半期ぶりに15億9300万ドルの純利益を計上した。この期には、米金融大手6社のうち5社が黒字となった。前の四半期は5社が赤字であった。突然の黒字転換は、債券売買や投資銀行業務が好転したからといわれているが、本当は、会計基準が大幅に変更されたからである。

２００９年5月7日、アメリカの金融当局は、銀行大手19行を対象に実施していた特別検査（ストレステスト）の結果を公表した。景気が予想以上に悪化するシナリオでいくと、10年末までに損失が最大で５９９2億ドル発生する見込みで、資本不足は、合計で７４6億ドルに上るというものである。

銀行大手19行の資産は全体の三分の二といわれているので、銀行全体の資本不足はだいたい１１００億ドルということになる。「金融救済法」に基づく資本注入可能な公的資金の残りは１３４6億ドルしかない。追加資金を要請すれば、金融機関の高額報酬と民間企業への公的支援に批判的な議会から集中砲火を浴びる。

そこで、銀行大手19行の資本不足額を使える資金の範囲内に無理やり抑えたのではという疑念が出された。

ＩＭＦ（国際通貨基金）の推計によれば、２００9年4月現在、アメリカの金融機関が07年から10年にかけて被る損失額は、じつに2兆７１２0億ドルであった。

しかも、たとえば、ストレス・テストで最悪と想定したシナリオである09年平均8・9％の失業率は、4月にすでに超えてしまうなど、アメリカでも損失額の推計は非現実的なものであった。

このように、世論の批判を恐れて損失額を小出しにするという手法は、日本の平成金融不況を長期化・深刻化させたものと同じである。おそらくアメリカの金融資本は、最低でも200兆円くらいの損失を抱えているのであろう。

値上がりはじめた原油・穀物価格

東京株式市場の株価が2009年6月12日に、リーマン・ショックに見舞われた直後の08年10月以来の水準である1万円の大台を回復した。中国、インド、ブラジルなど新興諸国の株価は、リーマン・ショック前の水準に戻った。アメリカの株式市場も一見堅調に展開した。

アメリカ原油(WTI)先物市場も6月9日、2008年11月以来の70ドル台に乗せた。大豆やトウモロコシの先物相場もリーマン・ショック後の安値から5割以上も上昇した。金先物価格も08年3月の最高値1トロイオンス982・3ドルに迫った。

株価と原油・穀物・金価格の高騰は、世界経済・金融危機が終結し、本格的な景気回復を先取りしたものなのか。けっしてそうではない。危機を招来した投機資本や儲けを狙う投資家の資金が、これらの市場に戻ってきているだけのことである。

リーマン・ショック後、アメリカ政府は70兆円規模の「金融救済法」の制定によって、金融資本に資本注入し、米中央銀行FRBは、実質ゼロ金利政策、銀行への流動性供給はもちろん、企業への資金供給、国債はおろか住宅ローンの証券化商品の大量購入などあらゆる政策を駆使した。

政府は、70兆円あまりの大型景気対策も実行している。

危機に陥ったGMとクライスラーには、なぜか「金融救済法」を適用して膨大な資金援助を行ない、「連邦破産法」11条を適用して事前調整型の破綻に持ち込み、再建を模索している。労働者に多大な犠牲を強いていることもあり、いまのところ再建は順調に進んでいるようである。

金融資本の資本不足も「金融救済法」の枠組みに収まり、一部を除いて資本注入された公的資金の返済に動いている。

こうした世界経済・金融危機の終息期待から、この間、儲けの少ない国債などに大量の資金を避難させ、うずうずしていた投機資本だけでなく、投資資金などが金儲けの為に、株式・原油・穀物・金などに一斉に資金をシフトさせてきているのである。国際商品価格上昇は、こうした資金シフトの結果にすぎず、けっして経済実態を反映したものではない。

それは、金融資本の救済と景気テコ入れの為、中央銀行による巨額の流動性の供給に加えて、アメリカ政府が膨大な財政出動を行なっているからである。２００９年度の財政赤字のGDP比は過去最大の１２・３%に跳ね上がっている。この膨大な赤字のおかげで長期金利が上昇している。新たに百数十兆円あまりの大規模な資金供給をしているFRBにも、膨大な不良債権が累積することが懸念されている。

そもそも、一刻も早い解決を迫られている米金融資本の抱える巨額の損失の処理が進んでいないのである。

自動車企業の破綻

アメリカのビックスリーの一角であるクライスラーは、世界経済・金融危機の爆発にともなうアメリカの新車市場の販売不振で売り上げが激減し、２００８年12月にアメリカ政府から「金融機関救済法」に基づいて40億ドルの緊急融資を受けた。09年２月には、さらに50億ドルの追加融資を求めた。

クライスラーはついに２００９年４月30日、日本の「民事再生法」にあたる米「連邦破産法」第11条を申請して経営破綻した。

アメリカ政府は、同法の下で経営再建を決定する期間に約33億ドルのつなぎ融資を実施し、再生が完了した後も最大で47億ドルの支援を続けることになっている。さらに、クライスラーが拠点をおくカナダでは、カナダ政府とオンタリオ州政府が合計で２４億２０００万ドルを融資することになった。

クライスラー再建のあかつきには、アメリカ政府が株式の８％、カナダ政府とオンタリオ州政府が計２％を保有することになっている。

筆頭株主は、退職者向け医療費を管理する全米自動車労組（ＵＡＷ）の基金の保有する55％である。資本提携したイタリアのフィアットは当初は20％の株式を、その後35％まで引き上げることができる権利を持っている。

同じくアメリカのビッグスリーの一つであるGMは、販売不振による売り上げ激減で「金融機関救済法」に基づいて154億ドルのつなぎ融資を受けていた。

そして、ついに2009年6月1日、経営危機に陥っていたアメリカの自動車大手GMが、日本の「民事再生法」にあたる「連邦破産法」第11条の適用を申請し、経営破綻した。

GMの資産規模は、3月末時点で822億ドル（約7兆4000億円）であった。同法適用を申請したアメリカの製造業では過去最大であり、金融業を含むアメリカ企業全体でみても、史上四番目の倒産である。

アメリカ政府は、GMに対して301億ドルの追加融資をすることになり、それまで供与してきた資金と合わせて、GMへの税金の投入は総額で約500億ドル（4兆5000億円）に上った。アメリカ政府は、株式の約60％を取得し、GMは国有化された。カナダ政府保有の約12％と合わせて、両政府で約72％の株式を取得した。国有化の下で操業を続け、経営改革を行なってGMの再建が図られることになった。

GMが経営破綻したのは、GMの製造した自動車があまり売れなかったことと、退職者向けの年金や医療費などのレガシーコスト（負の遺産）が年1兆円規模に膨らんでいたからである。新車一台当たりのレガシーコストは、1000ドルを超えるといわれ、価格競争力でも不利になっていた。

4　国際金融市場の監視体制

グリーンスパンとルービン

FRBのグリーンスパン前議長は、2008年10月23日に開催された米議会の公聴会で「我々は、1世紀に一回のツナミ（津波）の真っただ中にいる」と述べた。

グリーンスパン前議長は、2006年までじつに18年半あまりにわたりFRB議長をつとめた。就任してからまさに住宅バブルの絶頂期まで、その金融政策の手法に対するマーケットの信認が厚く、カリスマ議長と賞賛された。しかし、「驕れるものも久しからず」、いまでは世界経済・金融危機の「戦犯」といわれている。

もう一人の立役者がルービン元財務長官である。ルービン元長官は、世界の資金をアメリカの株式市場に流入させて景気の高揚を図る為、ドル高政策という政策の大転換を行なった。ドル相場を引き上げる為に、1995年に八回のドル買い円売り介入と、六回のドル買いマルク売り介入を行なった。そこからアメリカの株式が上昇して、株式バブルに至った。

さらに、ルービン元財務長官は、銀行が証券会社を使って金儲けに走ってバブル経済を発生させ、1929年世界恐慌をもたらしたという教訓から制定された「グラス・スティーガル法（銀行と証券を分離する法律）」を撤廃して、1999年に「グラム・リーチ・ブライリー法」の制定に携わった。銀行業務と証券業務の垣根を撤廃し、金融機関が二つの業務を融合することにより、さらに収益拡大ができるような法的整備を行なったのである。

ルービン元財務長官は、1995年のドル高政策により株式・ネット・バブルをもたらし、「グラス・スティーガル法」撤廃により、その後の住宅バブルの金融業務上の道筋をつけたということができよう。さらに、デリバティブ取引の規制にも反対した。

同長官はネット・バブルでウォール街に膨大な利益をもたらすとその職を離れたが、住宅バブル形成に責任の一端があるという意味では、世界経済・金融危機をもたらした「戦犯」ということができるだろう。

グリーンスパン前議長は、議会公聴会で集中砲火を浴びた。前議長は、金融派生商品などの規制には消極的で、在任中、金融市場の規制緩和に積極的にかかわり、アメリカの新自由主義的経済政策、市場原理主義遂行の最前線に立ってきたからである。

前議長は、証券化という金融技術がなければ、サブプライム危機はかなり小さなものになっていたであろうと述べた。たとえ、規制緩和を行なって、厳しい規制がなくなっても、金融機関がリスク管理を徹底するはずで、銀行などが利益を追求すれば、結果的に、株主や会社の資産が守られると考えていたことが、部分的に間違いであったということを公式に認めた。

規制緩和の功罪

世界経済・金融危機の中で、米議会関係者は、過去20年間規制されるべきものが規制されなかったと、再規制の必要性を認めている。ポールソン前財務長官も議会の公聴会で、無責任な融資、誰も理解できない複雑すぎる金融商品、それを格付けした格付け会社などの問題を指摘した。

住宅ローン業界は、州政府の監視下にあり、免許基準を決めているので、金融当局の監視が行き届かなかったといわれている。連邦レベルでの監督が強化されることになるだろう。

一次産品価格の暴騰にも規制緩和が大きく影響している。住宅バブル末期の特徴は、原油価格などの資源価格、主要な穀物価格などが暴騰したことである。原油価格の高騰は、株式バブルが終結し、投機資金が原油市場に流れ込んだことに始まり、住宅バブル崩壊により投機資金が本格的に流入したことによるものである。

原油価格の高騰によって、トウモロコシやサトウキビなどから作られるバイオ・エタノールが脚光を浴びたことで、世界各国でトウモロコシやサトウキビへの転作が急速に進んだ。そうすると、小麦や大豆などが不足するので、価格が上昇することが見込まれる。上がるのが分かっていれば、事前に安く買っておいて、高くなったときに売れば大きな利益を得ることができる。ここに巨額の投機資金が流入し、穀物価格が高騰したのである。

原油価格や穀物価格は、サブプライム危機が顕在化した2007年夏頃から急上昇を始める。これは、大量の投機資金が原油市場と穀物市場になだれ込んだ結果である。たとえば、原油市場の規模は金融市場の百分の一程度にすぎないので、金融市場ではわずかな資金だとしても原油価格は高騰するのである。それが可能となったのは、2000年に原油などの先物取引が事実上「自由化」されたからである。

2000年に制定された「商品先物取引近代化法」は、エンロン・ループホール（抜け穴）と呼ばれるもので、原油など25品あまりを含む商品のインデックス（指数）取引を先物取引の監督機関である商品先物取引委員会の監視からはずした。エンロン・ループホールといわれるのは、大手監査法人と結託して不正経理を行なって急成長し、ITバブルの崩壊で破綻したエンロンが政治力を使って強引に議会を通過させたからである。

世界の主要な原油先物市場はニューヨークとロンドンであるが、ロンドン市場は外国市場なので、アメリカ商品先物取引委員会の監視は及ばない。このロンドン市場の出先機関のようなものがなんとエンロンの本拠地であるアトランタに作られたのである。こうして、アメリカで監督当局の監視のない取引が行なわれたのである。

世界経済・金融危機をもたらした大きな要因の一つが7京（兆の1万倍）円以上にものぼるデ

リバティブ取引の拡大である。規制のまったくないデリバティブ取引について、欧州諸国はルール整備をしてきたが、アメリカはこの取引を放置してきた。

金融市場を監督するアメリカの政府機関の間で、デリバティブの安全性や監督に関する議論が行なわれた1990年代末に、商品先物取引委員会のボーン委員長は、デリバティブがどこの取引所でも取り扱われず、「闇の市場」が構成されていることや、何億ドルという関連取引が行なわれているにもかかわらず、しっかりと担保を確保する決済機関やどのような取引が行なわれているかを示す透明性の記録がまったくないことを憂慮し、何らかの規制の必要性を訴えた。

しかしながら、当時のグリーンスパンFRB議長、レビット証券取引委員会(SEC)委員長、ルービン財務長官が頑強に反対し規制は実現しなかった。デリバティブ取引は野放しの状態にあった。規制を強化すれば、金融取引の中心がロンドンやシンガポールに移ってしまうということも規制反対の論拠とされた。

投資銀行にも当然、銀行の自己資本規制に相当する正味資本規制というのがあった。これは、最低限維持しなければならない正味資本額やレバレッジ(負債倍率)を定めたもので、原則として、負債総額は正味資本の15倍を超えてはならないというものであった。

ところが、2004年4月に投資銀行業界の要望で、証券取引委員会(SEC)は、資産規模50億ドル以上の投資銀行に対して、この規制の適用を免除した。

SECは、規制を遵守しているかどうかという直接的な検査を止め、投資銀行に、財務・リスクの自主的なモニタリングに委ねた。免除を強硬に主張した当時の投資銀行ゴールドマン・サックスのCEO（最高経営責任者）こそ、世界経済・金融危機勃発の引き金を引いたポールソン前財務長官その人であった。

国際的な金融監視体制

1999年に、金融市場の監督とサーベランスについての情報交換と国際協力の強化を通じて国際金融市場を安定させるために、7カ国蔵相・中央銀行総裁会議によって創設されたのが金融安定化フォーラム（FSF）である。

FSFには、国際センターを有する国と地域の監督当局、バーゼル銀行監督委員会、証券監督者国際機構（IOSCO）、保険監督者国際機構、IMF、世界銀行などが参加している。

FSFは、すでに2008年4月に7カ国蔵相・中央銀行総裁会議に対して、より少ないレバレッジで機能し、健全性と規制上の監督が強化され、透明性により、明確なるリスクの特定、管理可能な、金融危機の根底にある歪んだインセンティブに対して、免疫ある金融システムを再構築することを提言している。このFSFの提言を実効あるものとしなければならない。

IOSCOは、2008年11月12日に金融サミットに対して公開書簡を送った。世界金融危機に際して、規制のギャップ、とくに国際市場において規制されていない部分と規制されている部分とによって現われるギャップは埋められる必要があり、IOSCOは、それを達成するための適切な機関であるとしている。

銀行監督に関する継続的な協力の為の協議の場であるバーゼル銀行監督委員会は、2009年1月、新たな銀行監督の指針であるバーゼルⅡの枠組みの強化策を公表した。銀行のトレーディング業務、証券化やオフバランス取引に内在するリスクなどが、最低必要とされる自己資本、リスク管理、情報開示などにしっかりと反映されるようにするというものである。

このように、世界金融危機を契機にして、国際金融資本による傍若無人な行動を許さずに、国際的な金融監督機関が各国の監督当局と協力して、秩序ある国際金融市場を構築していく方向に進みつつある。

そして、世界経済・金融危機を克服すべく、2008年11月14日と15日にワシントンで金融サミットが開催された。G7とEU、BRICSのほか韓国、アルゼンチン、オーストラリア、インドネシア、メキシコ、南アフリカ、トルコ、サウジアラビアが参加した。国際連合、国際通貨基金（IMF）、世界銀行、金融安定化フォーラム（FSF）の国際機関も参加した。

金融サミットでは、世界経済・金融危機の原因とされ、金融機関が膨大な含み損を計上しなければならなくなった時価会計の見直し、証券化商品の情報開示、格付け会社を登録制にすることによる格付けの信頼の向上、まったく規制のなかったクレジット・デフォルト・スワップ（CDS）売買の清算機関の設立と透明性の向上、IMFや世界銀行などの国際機関による国際金融システムの監督機能の強化、などが行なわれることになった。

２００９年４月２日と３日に、ロンドンで第二回目の金融サミットが開催された。採択された首脳宣言では、成長を確保する為にあらゆる行動を取るとした。ここで、成長と雇用の回復、金融監督と規制の強化、国際機関の強化、国際貿易・投資の促進と経済の回復などで合意された。

２００９年９月24日と25日に、アメリカのピッツバーグで第三回目の金融サミットが開催された。ここで金融規制を強化することが合意された。

米欧の金融規制改革

２００９年６月17日にアメリカ政府は、経済・金融危機を再発させない為の金融規制改革案を正式に発表した。その概要は次の通りである。

① 複雑な金融商品から顧客を守る「消費者金融保護庁」の新設。顧客が理解可能な金融商品を提供するとともに、金融機関には、徹底した説明責任や情報開示が求められる。

② 金融機関の健全性を高める為の自己資本の強化。自己資本の質と量を充実させるとともに、大手金融機関にはさらに厳しい基準が課される。資本に対して借入が大きく、銀行がリスク

を取り過ぎたことが金融危機をもたらした大きな要因の一つだからである。すでに２００９年３月に英監督当局（ＦＳＡ）が普通株中心の自己資本充実策を打ち出している。

③　銀行・証券・保険の金融大手について、中央銀行である連邦準備制度理事会（ＦＲＢ）による一元的監督。従来、米金融監督体制は錯綜していた。経営危機に陥ってＦＲＢに救済融資を仰いだＡＩＧは、世界一の保険会社であるにもかかわらず、ニューヨーク州政府が監督し、ＦＲＢや財務省は実態をほとんどつかんでいなかった。

④　証券化商品の規制。野放図な発行を抑制する為に、発行した金融機関もリスクを負うように、その一部の保有が義務付けられる。そのため、引当金を積む必要もある。

⑤　規制の強化。資産担保証券を発行する際の報告義務の強化、すべてのデリバティブ（金融派生商品）契約、金融システムの安定に脅威を及ぼす可能性のあるすべての金融資本が規制の対象とされる。いままで監督対象外であった懸案のヘッジファンドも規制の対象に含められることになりそうである。大手金融機関の破綻処理のスキームも整備される。

２０１０年１月に、預金を取り扱う銀行が、ヘッジファンドなどに出資・投資するなど過大なリスクを取ることの禁止が提案された。

⑥　国際協調の強化。世界的な金融規制の強化の方向で協調していくことになる。

このような金融規制の強化がどの程度実現するか不明であるが、とくにヘッジファンド規制な

ど で、国際的金融資本の傍若無人な行動に歯止めがかかることが期待される。

欧州委員会は2011年頃をめどに、複数国をまたがって金融業務を営む国際的な金融機関の監督を強化する為に、新たな監督機関「欧州金融監督システム（ESFS）」設立の準備を進めている。

同機関は各国監督機関と密接に連携して監督を行なう。金融危機を事前に察知する為の評価制度として、欧州中央銀行（ECB）総裁などが金融市場のリスクを評価する「欧州システムリスク評議会（ESRC）」も新たに設置される見込みである。

アメリカのオバマ大統領は、金融危機以前の規制は1929年大恐慌を契機に制定されたものであって、21世紀の金融技術の進展についていけなかった、だから、大恐慌以来の大改革を行なうという。

ただ、このような金融規制は、新自由主義的な経済運営に反対してきたヨーロッパ大陸諸国が以前から主張してきたものである。アメリカも世界経済・金融危機の反省から、新自由主義からの脱却の方向に舵を切りつつあると評価することができるかもしれない。

2009年9月の第三回金融サミット（G20）で、アメリカは、議長役として金融規制強化策をまとめ、合意形成に尽力した。徹底的に金融規制を緩和・撤廃して、金融資本にとことん儲けさせる米国型新自由主義が完全に破綻したからであるといえよう。

第四章　世界経済・金融危機とヨーロッパ

1　住宅バブルの崩壊

深刻なイギリス

ヨーロッパでは、2007年8月にフランス最大の銀行BNPパリバが、サブプライムローンなど住宅ローン関連金融商品で運用していた傘下の三つの投資ファンドの一時凍結を発表したことでサブプライム危機が顕在化した。

この発表をきっかけに、短期金融市場の取引量が大幅に減少し、短期金利が急上昇した。欧州中央銀行は、8月9日に臨時オペで948億ユーロという巨額の流動性を供給した。

当時、サブプライム危機が顕在化していたとはいえ、住宅バブルそのものやサブプライムローンなど住宅ローン関連金融商品の規模がどれくらいで、金融機関にどれくらいの損失があるかあまりはっきりしていなかったので、どうしてこんなに巨額の流動性をヨーロッパの中央銀行が供給するのか、多くの関係者が不思議に思った。

漠然と、もしかしたら天文学的損失が隠れていて、大恐慌に匹敵するようなものかもしれないと考える人もいた。だが、サブプライム危機が顕在化していくと、この予測は的中してしまった。ヨーロッパでの金融危機は、かなり深刻なものである。それは、イギリスをはじめヨーロッパ諸国でも住宅バブルが発生し、崩壊したからである。

1970年代末に成立したイギリスのサッチャー政権下で、新自由主義的経済政策が断行された。経済成長の邪魔になるとして労働組合を潰し、規制緩和・撤廃を強硬に推し進めた。

アメリカと同様、イギリスにも国際競争力のある消費財産業があまりなかったので、外国から積極的に企業を誘致した。円高と貿易摩擦回避の為に、英語の通じるイギリスに、日本企業も積極的に進出した。そうすれば、イギリスで雇用が促進され、失業問題が緩和されるので、イギリス政府も歓迎した。

国際競争力のある消費財産業があまりないイギリスも、金融自由化を行なって金融業を基幹産業に据えようとした。すでに、ロンドンは、国際金融センターの地位を確立していたが、さらに自由化して、経済成長の起爆剤にしようとした。

新自由主義的経済政策と金融自由化によって、イギリス経済は、長期の景気の高揚を享受した。しかしながら、イギリスでも住宅バブルが発生し、世界金融危機が勃発すると、深刻な事態を迎えている。

ヨーロッパ諸国で住宅バブル

アメリカの住宅バブル期に、ドイツの住宅価格はほとんど上昇しなかった。いいもの作り国家に徹し、地球環境と労働者・庶民に比較的優しい堅実な経済運営を行なってきたので、住宅バブルが発生することがなかったわけではない。

1990年のドイツ統一当時に住宅バブルが発生し、その後始末に手間取っただけのことである。日本でも不良債権処理が遅れて、アメリカの住宅バブルに乗り遅れたといわれるのと同じである。

やはり、世界経済・金融危機では、いくつかの金融機関が膨大な損失を計上した。銀行業務と証券業務を兼営するユニバーサル・バンクであるドイツ銀行も巨額の損失を計上した。

同じくユニバーサル・バンクであるスイスの大銀行UBSも巨額の損失を計上し、政府からの資本注入を受けた。この二行は、ユニバーサル・バンクから投資銀行業務に特化したことが失敗の最大の原因であった。

ヨーロッパ大陸諸国は、おしなべて新自由主義的経済政策には批判的である。アメリカのように、しゃにむに規制緩和・撤廃はしてこなかった。アイスランドなどのように、徹底的な規制緩和・撤廃を行ない、金融自由化によって、金融立国を目指した国は、世界経済・金融危機の顕在化で国家破産の危機に直面したが、これは例外中の例外である。

アメリカ型の新自由主義的経済モデルが破綻した現在、ヨーロッパは、地域統合の拡大により、平和で、地球環境と労働者・庶民に優しく、いいもの作りに徹し、本当に豊かさを求めてきた原点に戻るであろう。

金融セクターを野放図に拡大させ、その尻拭いを血税で行なうなどもってのほかである。金融セクターを整然としたものにするとともに、ヨーロッパ大陸の金融システムである銀行を含むユニバーサル・バンク制度を再評価することが必要であるように思われる。

2　ドイツ経済とユニバーサル・バンク

もの作り国家ドイツ

中世には、統一国家ドイツというのは存在せず、バイエルンとか、プロイセンとか、大小さまざまな国からなる領邦国家があっただけである。中世のドイツは、ギルド制で厳格なもの作りに徹した。いいもの作りを行なうために、親方制度であるマイスター制度というのがあった。この制度の伝統は、現在でもドイツに脈々と受け継がれている。

親方であるマイスターの下で修行し職人になる。職人が親方になるには、放浪修行という制度がある。ドイツ全土を歩いて回り、人々の施しを受け、色々な親方の下で技を磨くというものである。

　こうして、もの作りの哲学と人の優しさを学ぶのである。そうすると人をだまして金儲けしようとする偽装や手抜きなどしない。頑固なまでに、いいもの作りに徹するようになるのである。放浪職人制度は、現在では、建設業など一部に残るだけであるが、ドイツのいいもの作りの伝統の原点はここにあるように思われる。

　１８３４年に領邦間の貿易で関税をとらない関税同盟が成立して、経済発展の基盤が形成された。こうして、イギリスから50年近くも遅れたがドイツで産業革命が開始された。したがって、ドイツは、自国の繊維産業などを守るために、保護主義を採用した。そのうえで、国家が総力を挙げてドイツの近代化を進めた。

　ドイツでは、イギリスでその完成形態として行なわれた鉄道建設が産業革命を主導した。ドイツ全土を鉄道網で結び付けることによって、統一的な市場が出来上り、鉄道などを建設するのに必要な鉄鋼業、機関車や客車を作る為の機械産業、機関車を走らせるエネルギーとしての石炭業などが発展していった。

　このように、ドイツの産業革命は、開始当初から重工業が発展していく過程でもあった。すなわち、19世紀末に重化学工業に転化する前提が初めから整っていたのである。そして、１８７１年に、ビスマルクが領邦国家を統一し、ドイツ帝国が成立すると、ドイツ経済は本格的に重化学工業への段階に移行していった。

ドイツ統一と前後して、ダイムラーとベンツがそれぞれ自動車会社を、ジーメンスが電機会社を興し、ディーゼルがディーゼル・エンジンを開発した。電機のＡＥＧ、化学のＩＧファルベンなどが登場し、産業革命期の鉄鋼、石炭、機械などからなる重工業に、これらの産業企業を加えて、アメリカとともに、重化学工業の母国として世界史の表舞台に躍り出た。

この重化学工業が第一次大戦、第二次大戦という世界戦争が戦われる生産力的基盤を形成したのである。

ドイツは、この重化学工業の伝統を第二次大戦後も継承した。したがって、敗戦により「廃墟から不死鳥のように甦った」というのは、あまり正確ではない。

アメリカ軍は、第二次大戦後の旧ソ連の勢力拡張を見越して、戦争末期に爆撃目標を軍事施設・軍需企業から都市に変更した。当初は、ドイツにもう戦争をさせないよう、重化学工業を取り上げて、農業国にしようという「モーゲンソー・プラン」というのが検討されたが、淡い夢と消えた。それでも、さいわいなことに、この理念は、戦後のヨーロッパの統合に引き継がれた。

ドイツも軍需企業を巧妙に隠したので、第二次大戦終了時のドイツの生産力水準は、ほぼ戦前水準にあったといわれている。したがって、ドイツは、この戦前来の第一級の重化学工業をもう一度使うことで、敗戦後まもなく高度成長を達成できたのである。

アメリカは、分割されて資本主義側に残った旧西ドイツを対「共産主義」の防波堤にしようとした。そのため、マーシャル・プランによって復興援助を行なったのである。

農業地帯を失った旧西ドイツは、西ヨーロッパの統合に参加し、その「工場」や「生産基地」として生き残る道を選択した。そのために、ドイツは、戦前来の伝統を堅持し、いいもの作りに徹したのである。しかも、第二次大戦中のユダヤ人迫害を深く反省し、政治的には跳ね上がらないという姿勢を貫き、ひたすらいいもの作りに徹した。

いいもの作りの為には、アメリカのように「会社は株主だけのもの」ではなく、「皆のもの」という考え方が不可欠である。

ドイツの経済理念は、地球環境、労働者・庶民に比較的優しい経済システムの構築、すなわち社会的市場経済原理というものである。金融システムも金融収益を独自に追求するというものではなく、あくまで、いいもの作りのための控えめな仲介者に徹するというものである。

ユニバーサル・バンクの成立

このドイツの産業革命の過程で、銀行が本体で銀行業務と証券業務を兼営するユニバーサル・バンク制度が作り上げられた。イギリスに遅れて産業革命を行なったドイツにとって、産業育成は急務であったからである。イギリスのように、企業が自立的に成長していく時間的余裕はなかったので、銀行が産業育成に極めて重要な役割を果たした。

株式会社の形態を採るドイツの銀行は、増資によって資金調達をした。資金の出し手は、主として東ドイツ地域の大地主であるユンカーであった。土地貴族であるユンカーは、帝政ドイツの支配階級を形成し、「侵略的」ドイツの権力基盤を形成したが、ドイツの工業化には大いに貢献したのである。

ドイツの銀行は、増資によって調達した自己資本を使って、企業の設立業務を行なった。有力起業家などに資金を貸し付けて創業させた。会社経営が軌道に乗ったら、当該会社の株式会社形態への組織変更を行ない、株式を発行して、融資額に相当する株式を引き取った。その時点で、銀行と企業の債権・債務関係が消滅する。いまでいう債務の株式化（ＤＥＳ）である。

銀行が引き取った株式は、流通していないのであるから、時価が成立していない。あくまでも額面で引き受ける。

現在の日本には、額面という概念はなくなったが、東京証券取引所で取引されているほとんど企業株式の旧額面は50円である。たとえば、ドイツの銀行が１００億円の企業融資を行なったとして、その債務を株式化する場合、額面50円の発行株式2億株を引き受けると、融資の返済がなされることになる。銀行は、この2億株を売却しないと融資を回収できない。その時、はたしてこの株が1株いくらで売れるかによって、回収資金の多寡が決まる。

もしこの企業の経営が順調で、収益性が高く、額面50円当たり5円の配当が行なわれたとする。しかも、百数十年たった現在でも世界的に活躍するような企業であることが予想できるとすれば、50円額面当たり5円の配当というのは、銀行に預けた時の金利と同じようなものとみなされるようになる。

もし支配的な市場金利が5％だとすると、この株式は、5円の金利を生み出す金融商品と同等のものとみなされる。とすれば、この株式は、100円の預金と同じ果実を生み出すので、100円で買いたいという人が出てくる。ただ、株式は、発行会社が倒産したら価値がゼロになるので、100円より倒産リスク分安くなる。これが時価である。

100円からこの倒産リスク分を差し引いた価格で売却できる。そうするとくだんの銀行は、100円で2億株を売却し、200億円から倒産リスク分を引いた資金を回収できる。銀行は、100億円を融資して、ほぼ200億円回収することができて、大儲けできる。

ところが、企業が途中で倒産してしまえば、株式は無価値になり、融資資金100億円の回収はできなくなるという、極めてリスクの高い業務であった。典型的なハイリスク・ハイリターンの金融業務である。ドイツで、産業革命当時の1850年代に株式会社形態の銀行がどんどん設立されたが、ほとんど倒産の憂き目にあったのはその為である。

現在に残るドイツ銀行など、当時のベルリン大銀行は、銀行大倒産時代を経た1870年代に設立された。このような業務を設立・発行業務というが、あまりにもリスクが高いので、ベルリン大銀行は、経営の安定化策を真剣に模索し始めた。

企業設立・株式発行業務などはあまり行なわず、最初から堅実経営に徹したドイツ銀行などは、ジーメンスなどの事業会社と緊密な取引関係があったのでそれが可能であった。その他のベルリン大銀行は、ルール地方で企業に地道な金融サービスを提供していた地方大銀行を買収した。

ベルリン大銀行は、投資リスクを軽減する為に金融業務への参入を模索していたし、ルール地域の地方大銀行も、ドイツの重化学工業化の進展で巨大化し、国際化していくドイツ企業に十分な金融サービスを提供できなくなっていた。

この両者の利害が一致し、19世紀末から20世紀初頭にかけて、ベルリン大銀行がルール地方の地方大銀行を買収することで、銀行業務と証券業務を兼営する兼営銀行（いまでいうユニバーサル・バンク）が成立した。このように、ユニバーサル・バンク成立の根拠は、金融機関のリスクの軽減にあった。

ユニバーサル・バンクは、企業金融を手掛けることにより、企業の経営内容により深く関与することができた。

引き受けた株式を高く売る為には、企業経営に無関心ではいられないので、銀行が産業の振興に全力を投入するようになる。企業経営がおかしくなると、金利収入も激減するし、保有株式も大幅に減価し、銀行の利益が激減するので、銀行も真剣に企業経営のノウハウを向上させようとする。

もちろん、一歩間違うと、銀行業務と証券業務から得た内部情報を悪用して、金儲けしようというインサイダー取引など利益相反（顧客の利益と銀行の利益が相反すること）が横行する可能性が出てくる。ドイツで、何度か銀行批判が湧き上がったのはその為である。

利益相反回避の措置が採られてきているものの、残念ながら、ドイツでも金融犯罪は、なかなかなくならない。

3　ヨーロッパの統合

ヨーロッパ統合の進展

第一次大戦と第二次大戦でヨーロッパは、直接の戦場となった。ナチス・ドイツは、ヨーロッパ諸国を侵略するばかりか、ユダヤ人の「最終処理」という世界史的蛮行を働いた。

極めて侵略的なナチス・ドイツが１９２９年世界大恐慌の痛手から逃れる為に採られた「経済政策」が戦争であった。ヒトラーは、ヨーロッパの人々が「潜在的」に持っていた「反ユダヤ意識」に付け込んで、ユダヤ人の迫害を行なった。

ヒトラーを第二次大戦に踏み切らせたのは、イギリスなどが当初、ヒトラーの行動に「寛大」

であったからだと思われる。反共産主義という限りでは、ヒトラーもイギリスもフランスも同じだったからである。

いくらなんでも、民主主義を標榜するイギリスやフランス、アメリカが、革命という手段とはいえ、権力を奪取し、国家として成立している旧ソ連を、体制が違うというだけの理由で武力で倒すことなど許されない。もし、ナチス・ドイツが旧ソ連を倒して、資本主義に戻してくれれば、資本主義は安泰であるというわけである。

ところが、ヒトラーの野望は、東ローマ帝国、帝政ドイツに続く、ドイツを中心とする第三番目の帝国、すなわち第三帝国をこの世に作り上げるというものであった。オーストリア人で、伍長上りの無教養のヒトラーの妄想で、西ヨーロッパ戦線に火の手が上がったのである。

その戦いは困難を極めた。アメリカと並ぶ一流の重化学工業を持つドイツの軍需産業に対して、イギリスやフランスでは、とうてい太刀打ちできなかったからである。結局、アメリカが参戦して第二次大戦は終結する。

第二次大戦で敗北したドイツはもちろん、勝利したはずのイギリスもフランスも、政治的にも経済的にもボロボロになっていた。気が付いたら東欧が軒並み「社会主義」化していた。ドイツも工業国で唯一東西に分割された。

中世の中心国で誇り高きフランスは、「成り上がり者国家」アメリカの台頭に我慢ができなかった。しかし、悲しいことに、フランスは、しょせんは「没落貴族」にすぎなかった。そこで、フランスは、起死回生の一手を打った。

イギリスが乗ってこないことは分かっていたので、西ヨーロッパ大陸諸国を引っ張り込んだ。その理屈は、旧西ドイツに二度とヨーロッパを蹂躙させない為に、軍備製造に不可欠な鉄鋼とエネルギーの根幹である石炭（いまでは石油だろうが）の生産の権限を資本主義として残った旧西ドイツから取り上げようという提案である。それが1951年に成立した欧州石炭鉄鋼共同体である。

自国の経済運営の自主性が奪われるのに、どうして、ドイツが乗ったのであろうか。

それは、一つは、東西ドイツ再統一には、占領四カ国（英米仏旧ソ）による「統一条約」の批准が必要だったことである。占領国に加えてもらったフランスの承認も必要なので、とくにフランスには逆らえなかった。

もう一つは、旧西ドイツは、東欧の市場と東ドイツ農業地帯を失ったので、西ヨーロッパに市場を、フランスに農業を求めざるをえなかったこと、三つめは、第二次大戦の侵略とユダヤ人迫害への反省から、政治的な行動を控えめにし、政治はフランスに任せようとしたことなどにあると思われる。

とはいえ、不戦を誓い、平和で真に豊かなヨーロッパを作り上げようという理念が前提になっていたことも一面では事実である。

１９５８年に欧州経済共同体、欧州原子力共同体が結成され、ヨーロッパの統合が進展していく。67年には、欧州石炭鉄鋼共同体を含めて三つの機関が統合して、欧州共同体（ＥＣ、現ＥＵ）が結成された。68年には、ＥＣ内で関税を撤廃する関税同盟が完成した。

同時に共通農業政策が策定・実施された。財政負担がきついといって、評判の悪い政策であるが、農業は保護しなければならない部門であって、オリジナルカロリー計算での食料自給率は工業国のドイツでも80％程度を維持している。日本は40％たらずである。

１９７０年代に入ると、ＥＣ／ＥＵは、経済統合の行き着く先としての通貨統合を目指した。しかしながら、国際通貨システムがそれまでの固定相場制から変動相場制に移行し、国際金融市場が大混乱をきたしたので、さすがに、この時には通貨統合は実現しなかった。というよりも、通貨を統合するための経済的・通貨的な前提がまったく整っていなかったのである。

そこで、通貨的前提として、１９７９年に欧州通貨制度（ＥＭＳ）が設立され、通貨価値の安定に基づく、経済成長が可能となった。１９８０年代に入ると、さらにヨーロッパ経済の成長を目指すことになった。

１９８５年には、ＥＣ／ＥＵ域内の「ひと、もの、かね、サービス」の移動の自由化を図ろうという、域内市場統合が提唱された。ところが、市場統合は、税制の統一など主権国家の権限を移譲しなければならない項目も含まれていたので、なかなかうまくいかなかった。おそらく、市場統合の実現は不可能であろうといわれていた。

事態が一変したのは、1989年11月にベルリンの壁が崩壊した時である。すなわち、東西ドイツ再統一が現実味を帯びてくると、ドイツの強大化を怖れる西ヨーロッパ諸国が域内市場統合の実現に真剣に取り組むようになったからである。

さらに、EC／EUは、1991年末に減価する米ドルに代わり、安定した国際通貨ユーロを導入することで合意した。99年に単一通貨ユーロを導入すべく、EU諸国が財政赤字の削減に取り組むことになった。

単一通貨ユーロの導入

通貨統合を目指す条約である「マーストリヒト条約」が1993年に発効したが、それにともなって、それまでのECという名称からEU（欧州連合）に変更された。

EUは、「ひと、もの、かね、サービス」の移動の自由化を図ることで、国内市場と同じような域内市場を構築しようとした。もちろん、税制など国家主権の根幹にかかわることなので、ほとんど調整はできなかった。

とはいえ、税制以外の自由化項目の調整はかなり進み、単一市場の実現に向けて大きく前進した。金融・証券市場も金融肥大化によって実体経済に深刻な影響を与えないように、マネーゲームなどを横行させない範囲で自由化が進められた。

どうして、市場統合が進められたか。それは、ＥＵ域内で社会的市場経済原理に基づく、経済運営を行なう為であったと思われる。

そもそも、この原理は、ドイツで戦後採用された経済政策理念であるが、経済活動に徹底的に競争原理を導入し、経済効率を高めるものの、その結果、社会的公正さと公平さが損われるならば、国家が経済に介入してそれを是正するというものである。

具体的には、地球環境保全、格差是正、高賃金・高福祉（ただし高負担）、年金・保健制度など社会保障の充実、社会政策として低所得者向け住宅建設、物価の安定と健全財政、農業保護と食の安全の確保、住みやすい住空間と都市整備などである。

このような社会的市場経済原理に基づく経済政策を実行する為には、いいもの作りと農業保護という、地に根の張った経済理念が不可欠である。

会社は、株主だけでなく、役員、労働者・従業員、顧客、サプライヤー（調達先）、取引先、取引銀行、地球環境などすべてのものであるという理念に基づいて経済運営を行なうとすれば、あくなき利潤追求をある程度規制しなければならない。

とすれば、アメリカや日本の企業や金融資本と対等に競争することなど到底できない。そこで、

「ブロック経済」を構築する必要があるので、経済圏の拡大により経済成長する道を選択したのである。

ヨーロッパ諸国は、市場を拡大することで、相対的に遅れた地域の人々の生活水準を向上させようとした。要するに、いわば市場拡大型経済成長を実現してきたのである。そうすると、ドイツなどのいいもの作り国家の出番である。アメリカや日本などのような、バブル型経済成長とは質的に異なるものであった。

そうした経済統合の完結形態が通貨統合である。ＥＵ諸国は、インフレが起こらず、強い通貨であったかつてのドイツ・マルクのように、単一通貨ユーロを安定した強い通貨とすることを選択したので、通貨統合に参加するには、財政赤字を削減することが至上命令となった。

したがって、１９９５年あたりからＥＵ諸国は、通貨統合への参加を目指して、財政赤字削減に本格的に取り組んだ。それは、ヨーロッパ諸国の福祉水準を引き下げ、企業の労働コストの削減を行なうことが不可欠だったからでもあった。おりしも、アメリカの新自由主義的経済政策が絶好調を迎えつつあったし、従来の社会的市場経済原理に基づく経済運営の再検討が必要だといわれていた。

世界経済・金融危機が爆発して、アメリカの新自由主義的経済政策は破綻したが、アメリカ経済と金融・証券市場が絶好調であった時には、やはりヨーロッパ諸国もその方向になびくことになったのであろう。とはいえ、少子・高齢化に対応できる財政構造を構築しなければならないということも事実であった。

通貨統合を実現することで、広大な単一通貨圏が構築されるが、そうすると、企業や金融機関の間で競争が激しくなり、ＥＵ諸国の経済が活性化していくことになる。ただし、ＥＵの考え方は、新自由主義・市場原理主義的な行動を取るアメリカの大企業や金融資本、がむしゃらに働く日本企業などＥＵ以外の金融資本や企業と不必要に競争する必要はないというものであろう。

ＥＵが「世界」であるという考え方で経済政策運営を行なえばいいし、ＥＵ域内で金融資本と企業から税金を取って、ＥＵ域内で使えばいいのである。そうすれば、ある程度は高い賃金・福祉水準を維持できる。したがって、ＥＵのアメリカへの依存度は、日本とはまったく違って極めて低い。ドル暴落にも日本や中国ほどは怖れていない。

ＥＵがユーロを導入したもう一つの理由は、アメリカから基軸通貨特権を奪う為である。基軸通貨というのは、世界中で広範に支払い・決済で使用される通貨である。基軸通貨国は、印刷原価20円くらいの「紙」幣を世界に支払って、1万円のものを買うことができる。20円というのは1万円の印刷費であるが、20円で1万円のものを買えるということである。この差額９９８０円は丸儲けで、これをシニョリッジ（通貨発行特権）という。

ヨーロッパにとって、米ドルから基軸通貨特権を奪い取ることができれば、巨額の儲けを手に入れられる。そうすれば、EU域内の人々の生活水準の向上に大いに貢献することになる。他国の犠牲の上に、自分たちだけいい生活しているという批判も出ようが。

だが、アメリカは、「紙」切れで平気で世界から大量の消費財を買ってきた。いいかどうかは別にして、国家とはそういうものである。だから、資本主義を根本的に変革しなければならないのである。

ヨーロッパ経済の理念

ところで、実現は不可能とまでいわれた単一通貨ユーロ導入という世界史的事業が、どうして実現できたのか。

1992年と93年に、欧州通貨制度（EMS）の危機に見舞われると、日本でも「通貨統合などできるわけがない、ヨーロッパは分裂しているではないか」、ということが声高に叫ばれるようになった。どうして見通しを誤ったかというと、日本のエコノミストやジャーナリストが、ヨーロッパの統合に一貫して懐疑的であるイギリスの情報、たとえば英語で書かれたフィナンシャルタイムズなどの情報に依拠しているからであろう。

ヨーロッパ大陸諸国には、平和で本当に豊かなヨーロッパの実現、ヨーロッパ的生活・文化水準の維持、経済・地域格差の縮小、地球環境保護と農業保護の促進、という点でコンセンサスがあると思われる。

イギリスはといえば、１９７０年代末に登場したサッチャー政権が凄まじい財政構造改革、新自由主義的経済政策を実行したので、ユーロ導入という通貨統合を「錦の御旗」にして、財政構造改革を行なう必要がなかった。したがって、地域統合の完成形態にすぎない通貨統合に参加する気もなかったし、参加する必要もなかったのである。

イギリスは、大英帝国であって、ヨーロッパの中にあるのではなく、世界の中心にあるという意識が極めて高い。そのイギリスは、一貫して、ヨーロッパ統合と距離を置いてきた。しかしながら、世界経済・金融危機の顕在化でそのような立場を堅持できるかいささか疑問である。

ヨーロッパ大陸諸国の経済理念には、地球環境の保全と住環境の整備、労働者・庶民への配慮、農業と食の安全の確保、整然とした金融システムなどを実現する為に、国家が経済に介入し、規制緩和・撤廃は、経済・金融システムを混乱させないように、慎重の上にも慎重に遂行するというところに特徴がある。

とくに、地球温暖化防止の取り組みは徹底している。代替エネルギーとして、太陽光発電の普及を推進するとともに、風力発電は世界一の発電量を誇っている。環境税・炭素税などを徴収し、地球環境対策に積極的な財政的支援を行なっている。自動車会社による燃料電池の開発も進んでいる。ゴミの分別回収はもちろん、いかにゴミを出さないかということが基本理念である。

農業の保護は、高い食料自給率の維持と地球環境保全の一環として明確に位置付けられている。EU財政が圧迫されても、その基本原則を堅持している。

日本のように、重化学工業製品を輸出して生きているのであるから、農産物を輸入しなければならないので、農業は不要であるとして、農業を潰すという国はあまりない。その結果、食料自給率40%など絶望的に低いというのでは、国家の体をなしていないといっても過言ではない。

ヨーロッパ諸国は、租税負担率や付加価値税率（日本の消費税に相当するが、売り上げがすべて捕捉できるので、脱税をある程度防げるので合理的である）はかなり高いものの、労働条件や生活水準は相対的に高い。被雇用者は、1ヶ月から6週間程度の長期休暇を取ることができ、社会福祉の水準もかなり高い。

企業を「金融商品」として売買するM&Aについても、EU加盟国ごとに規制をかけている。

EU自体は、敵対的買収防衛策を採るかを決めるのは、買収対象会社の株主であり、取締役会は中立でなければならないし、種類株式の活用による敵対的買収防衛策に対して厳格な態度を取っている。しかも、この二つの規定については、EU加盟国の判断による選択的離脱が認められている（オプトアウト条項）。すなわち、EU諸国は、敵対的買収に対して厳しい対応を取ることが可能である。

国際金融市場において、借り入れなどによりレバレッジをかけて高い収益性を追求するヘッジファンドの規模が拡大してきていた2006年12月に、欧州中央銀行がレポートを公表した。ヘッジファンドのポジションデータを資産タイプ、格付け、為替別などさまざまなカテゴリーで集約した一元的なデータベースを第三者のサービス提供者が構築する方法を提案した。

個別データではなく、集約したデータベースを公開することで、ポジションの集中度など、システミックリスクの大きさを量ることができるからである。要するに、ヘッジファンドなどの投資についての規制が必要であるとしているのである。

このように、徹底した地球環境保全対策、農業保護と高い食料自給率、比較的良好な労働条件、格差が少なく、庶民の高い生活・福祉水準を維持し、健全な金融システムを構築しながら、アメリカや日本の企業と対等に競争していくことは不可能である。

したがって、ヨーロッパ諸国は一致協力して、日米の企業と張り合う方向を選択してきたのである。その手段の一つがEUという地域統合に他ならない。その経済的完成形態こそ、ユーロ導入による通貨統合なのである。

ヨーロッパ諸国は、この通貨統合を外圧にして行財政改革と経済構造改革を断行してきた。広大な単一通貨圏の成立による激しい競争に対処する為に、企業や金融機関は、血の滲むような経営の効率化（本来の意味でのリストラクチャリング）を断行した。金融機関の統廃合もドラスチックに行なわれた。

東欧をはじめとするヨーロッパやアフリカ、アジアなどからの資金需要に応えるべく金融・証券市場の整備も急ピッチで進んだ。ただし、それが2000年代初頭に、ヨーロッパでも住宅バブルを激しくする一因にもなった。

ヨーロッパは、アメリカのドルに依存するのではなく、経常収支黒字・債権国連合という安定した経済圏を前提にした通貨ユーロを導入した。ヨーロッパは、グローバルな見地に立って将来をしっかりと見据えて行動しているだろう。

4　世界経済・金融危機とヨーロッパ

ドイツ銀行の投資銀行化

ドイツの金融システムは、銀行が本体で銀行業務と証券業務を兼営し、顧客に対して幅広い金融サービスを提供できるユニバーサル・バンク制度である。ドイツ銀行というのは、ヨーロッパ最大規模のユニバーサル・バンクで、民間銀行である。

しかしながら、同行は、ユニバーサル・バンクといっても、多くのドイツの企業とは密接な繋がりがあって国内の企業金融や証券業務は強かったが、国際的な投資銀行業務はあまり強くなかった。そこでユーロ導入にあたって、ドイツ銀行は、投資銀行部門強化の為に組織大改革に着手した。

そのきっかけとなったのは、1993年に発生したドイツの金融システムの転換を予感させる象徴的な出来事であった。旧ダイムラー・ベンツ（現ダイムラー）が、アメリカでの業務拡大と資金調達機会の多様化を目指してニューヨーク証券取引所に上場する時、その主幹事が、長くメインバンクをつとめてきたドイツ銀行ではなくアメリカの投資銀行だったからである。

1998年に、その後解消されたがクライスラーとの合併の際もイニシアティブを取れなかった。当然、ドイツ銀行に衝撃が走った。投資銀行業務部門の抜本的強化を断行しなければ、アメリカの投資銀行に顧客を根こそぎ奪われてしまうという恐怖感に襲われた。

同時に、ユーロ導入がヨーロッパにおける金融ビッグバンの役割を果たしたことも大きい。巨大な単一通貨圏が登場することで、膨大なビジネス・チャンスが生まれるということは、ここでの収益拡大を求めて熾烈な競争が展開されるということになるからである。経営の合理化・効率化、金融規制緩和を断行しなければ、企業は敗退の憂き目にあう。

そこで、ドイツ銀行は、1999年に事業持ち株会社方式による金融業務の再編を行なった。ここで、ドイツ銀行本体は、投資銀行業務に特化したので、投資銀行部門に年俸制・成功報酬制度を導入して優秀な人材を集めることができるようになった。

アメリカでの投資銀行業務の強化の為に、同年、アメリカの投資銀行であるバンカーストラストを買収した。日常的なリテール銀行業務は子会社に移した。あらゆる金融業務を本体で取り扱ってきたユニバーサル・バンクが金融業務の事実上の分業システムに大転換した。

２００５年初頭には、ドイツ銀行は、法人・機関投資家向け業務の強化の為に、事業部門の再編を行なった。

コーポレート・バンキング・アンド・セキュリティーズ部門の株式・債券の各セールス・トレーディング業務を統合して、グローバル・マーケッツ部門に一本化されたので同部門は、投資家に対して株式と債券全般にわたる包括的な金融サービスの提供ができるようになった。

グローバル・コーポレート・ファイナンス部門とグローバル・バンキング部門を新設のコーポレート・ファイナンスに部門統合し、法人顧客に対する窓口が一本化された。

法人・機関投資家向け業務のうちクレジット・デリバティブ、ハイ・イールド債、証券化商品、金利デリバティブなどの付加価値の高い仕組み商品での増収が目立った。

ユニバーサル・バンクは、企業の資金調達のすべてに関与できるし、投資家にあらゆる金融商品を提供できるので、企業、金融市場で大きな支配力を有している。その結果、競争原理があまり働かず、企業、個人投資家や預金者などの顧客の金融取引コストが低下しないと批判されてきた。

そこで１９９８年に、保有する膨大な株式を資産管理子会社ＤＢインベスターに移した。株式を企業支配の為ではなく、投資として保有し、株価が上がらないとか、配当が少なくて収益拡大に貢献しなければ売却するという経営戦略に転換した。

ドイツ企業のコーポレート・ガバナンスは、従来、企業に監査役として派遣された銀行経営者を通じて銀行が行なってきた。しかし、幾多の企業の不祥事を見逃してきたと批判されてきた。そうした中で、銀行が保有していた企業株が放出され、銀行と企業の連繋がそのかぎりでは希薄化してきている。

しかしながら、支払い・決済業務、融資、監査役派遣などを通じて、企業に対する銀行のメインバンク機能はさほど低下していない。

ただ、従来は、銀行が企業に監査役を派遣することで担ってきた企業のコーポレート・ガバナンスは、機関投資家が行なうようになっている。とくに、ドイツ銀行は、その投資信託子会社であるDWSが担当している。DWSは、株式を保有している各企業から企業の戦略的事項、利益状況とその見通しなどについて、少なくとも年1回は報告やプレゼンテーションを行なわせているようである。株主総会に参加して発言することもあるという。

このような投資銀行化によって、世界経済・金融危機が顕在化すると莫大な損失を計上するようになった。やはり、ドイツ銀行がユニバーサル・バンクを放棄して、アメリカ型投資銀行に移行しようとしたからであろう。

ＵＢＳの債券部門の拡大

世界経済・金融危機で巨額の損失を計上しているのがスイスの大銀行ＵＢＳである。ユニバーサル・バンクであるＵＢＳが、どうして、２００８年８月末段階で４４０億ドルもの巨額のサブプライム関連金融商品の評価損を計上することになったのであろうか。

ＵＢＳは、巨額の損失を反省する、というよりも弁明する為に、２００８年４月に株主に向けた報告書を公表した（「エコノミスト」２００８年9月30日）。

ＵＢＳのサブプライムローンなどの住宅ローン関連金融商品への投資は、本体とは別に設立されたヘッジファンドを通じて、投資銀行部門内部の債券部門と資金為替部門の短期売買部門で行なっていた。

サブプライムローン関連金融商品への投資の損失のうち66％は債券部門で発生した。それは、外部の経営コンサルタントに委託して、出された債券部門の戦略見直しは、クレジット、証券化商品、商品先物についてトップ企業との差が大きいので、これらの業務の拡大を提唱したものの、これらの業務拡大にともなうリスクについては、考慮されなかったからである。

ＵＢＳは、サブプライムローン関連金融商品を投資家に売却していたが、有利な金融商品であったので、自らも保有して利ザヤを稼ごうとした。上がる株を推奨したら、逆に「そんなに儲けるなら、自分で買ったら」といわれるのと同じである。

トリプルAという証券化商品がデフォルト（債務不履行）する確率は1％よりも低い。したがって、リスクを回避するために、元本の2％から4％程度の部分に保険（CDSなど）をかけていれば、将来の損失は十分にカバーできるので、リスク回避はほぼ完璧のはずである。

だが、史上最悪の世界経済・金融危機で市場が崩落し、サブプライムローンなどの住宅ローン関連金融商品の価値は、予想をはるかに超えて下落した。高格付けのサブプライムローンなどの住宅ローン関連金融商品ほど下落率が高かったのである。

トリプルAという格付けの金融商品がどうしてこのように暴落したのか。それは、金融「工学」という学問を使って計算されたこと自体が問題であるということ、格付け会社が誤った格付けを行なったということなどもある。過去の経験則がまったく当てはまらなかったこともあろう。

そのような事情があったとしても、大問題は、UBS自体のリスク管理が極めて不十分だったことである。

欧米の投資銀行は、資産運用がうまくいけば多額の成功報酬が得られるというシステムを採っていた。したがって、儲けを最大にする為、とことんリスクを取る傾向があるといわれていた。だからこそ、投資銀行には、とりわけ厳しいリスク管理が要求されるのである。ところが、UBSのリスク管理は、そうではなかった。

ＵＢＳは、従業員のボーナスと報酬の算定基準が当初期待したもの以上のものなのか、あるいは低い資金調達コストによるものなのかをはっきりとは峻別していなかった。ボーナスと報酬の算定にリスク要因を十分に反映しなかったので、ボーナスは、儲けから人件費を差し引いたものをベースとし、儲けの質や持続性については正式に検討されなかった。

しかも、２００５年7月に就任した投資銀行部門の幹部は、営業には強いが、リスク管理の経験に乏しかった。この部門には、なんとリスク管理の責任者がいなかったのである。

投資銀行部門では、自主的な取引に制限を加えることはなかったし、サブプライムローンなどの住宅ローン関連金融商品についての基本的な分析も行なわれなかった。とりわけ厳しいリスク管理が要求される投資銀行業務に、リスク管理が事実上欠如していたのである。

このように金儲けを重視し、リスク管理をないがしろにしたというのは、ほとんどの投資銀行にみられたことであるが、それは、好調な相場展開が長期に続いたこともあって、大きな損失を被るということがなかったこと、格付けなどに、安易に頼る傾向があったこと、そして、過去の失敗を忘れて楽観的になる傾向があったことなどによるものであるという。

イギリスのバブル崩壊

１９７９年5月にサッチャー保守党政権が成立すると、規制緩和・撤廃による市場経済の徹底、金融ビッグバン、労働組合弱体化など新自由主義的政策が断行された。世界の金融センターを目指すとともに、競争力のない自国産業を育成して経済を停滞させるのではなく、積極的に外国企業誘致を推進し、経済成長をしてきた。

EUには参加するものの、通貨主権という一部であっても国家主権の超国家機関（欧州中央銀行）に委譲することを好まず、ユーロは当初から導入しなかった。

1992年9月には、ポンド売り浴びせで欧州通貨危機が発生した。11月以降、進むインフレ抑制のためインフレターゲット（インフレ率の上限と下限を定める）を導入した結果、インフレは沈静化した。

2001年には、インフレ沈静化で金利も低下し、借り入れ需要が旺盛となった。04年以降の東欧諸国のEU加盟で労働者が流入し、旺盛な住宅需要がみられた。

ヨーロッパには、サブプライムローンというのはあまりないが、住宅バブルが発生したのは、投資目的で住宅を購入する借り手に膨大な住宅ローンが提供されたからである。

住宅バブル崩壊による経済危機に対応する為に、イギリス政府は、金融機関への巨額の公的資金の投入を行なうとともに、2008年11月に景気刺激策を策定した。財務相は、1990年以来の景気の後退局面入りを正式に認め、景気刺激策のほか08年12月−09年末まで付加価値税率を17・5％から15％に引き下げた。

イングランド銀行は、金融機関への流動性供給を行ない、２００８年12月には、政策金利を３％から２％に引き下げた。これは１９５１年以来の低い水準である。09年３月に、１６９４年創立以来最低金利を更新する０・５％に引き下げた。

アイスランドの国家的危機

世界金融危機の打撃をもろに受けたのがヨーロッパのアイスランドであった。北海道よりもやや広い国土を持つ人口約30万人の、漁業を中心とする国である。

１９８０年代に、アイスランドは、経済のグローバル化の波に乗ろうとして、積極的に経済、とりわけ金融システムの規制緩和を行なった。とくに、資本移動の自由化や金融機関の民営化、通貨クローナの変動相場制への移行など、金融システムの規制緩和を突破口にして、経済成長を進める政策が遂行された。金融立国として好景気を謳歌してきた。

ＧＤＰは、１９９７年からの10年間で約２・５倍に跳ね上がり、１人当たりＧＤＰは、経済協力開発機構（ＯＥＣＤ）加盟国中五位と世界でトップクラスの仲間入りを果たした。

２００７年には、国民の幸福度を示すといわれる国連開発計画（ＵＮＤＰ）の人間開発指数で「世界で最も居住に適した国」として第一位に輝いた。サブプライム危機が顕在化した２００７年に国民の幸福度で第一位に輝いたというのは、なんとも皮肉なことである。

金融立国を目指して、経済成長を強力に引っ張ったのが銀行である。銀行セクターの資産規模は、2000年にはGDPとほぼ同規模であったが、金融危機に襲われる直前にはじつに約十倍に膨れ上がっていた。

アイスランドは漁業と観光の小国で、国家の信用度であるカントリーリスクが高かったので、国際金融市場での資金調達は容易ではなかった。そのため、銀行は、海外からの投機資金を積極的に取り入れるとともに、海外から自国の銀行よりも高い金利で預金を集めた。

高金利に惹かれて、イギリスやオランダなどの国々から大量の預金が集中した。アイスランドの銀行に設定されたイギリス人の預金口座はじつに約30万、オランダ人の預金口座は約5万といわれ、アイスランドの人口を超えた。アイスランドの企業は、こうして集められた資金を調達して、海外での事業を拡大していった。

アイスランドの銀行は、超低金利下の日本で円建て外債（サムライ債と呼ばれる）を発行して、超低金利資金を調達し、アイスランドの国民に円建てで低金利資金を貸し付けた。

景気の過熱対策で中央銀行が金利の引き上げを行なっても、国内預金ではなく、中央銀行の規制外の資金なので、円という外貨資金を低金利で借り入れることができた。低金利の円建ての住宅ローンを大量に借り入れたので住宅建設ブームが起きた。円建てローンを借りることで消費も拡大した。

アイスランドの銀行は、国内外企業への投資や貸付、住宅ローンなどを提供したものの、サブプライムローン関連金融商品は、ほとんど購入していないといわれた。しかし、サブプライム危機が顕在化するとアイスランドの銀行は、凄まじい苦境に陥ってしまった。結局、アイスランド政府はすべての銀行を国有化した。

どうしてそうなったのか。世界経済・金融危機が顕在化すると膨大な損失の穴埋めの為に、ヘッジファンドなどが資金回収を行なったからである。大量の預金も引き出されて流出した。そうすると、銀行から流出した大規模のクローナが売られるので、クローナが暴落した。

銀行が国有化されたが、そうするとイギリスやオランダの預金者が預金を引き出せなくなって、国際問題にまで発展する騒ぎになった。

低金利の円建て住宅ローンを借りた人は、甚大な被害を受けた。円建てなので、クローナ暴落で返済が大幅に増えたからである。従来は1円が1クローナ程度だったので、1カ月に10万クローナの返済で済んでいたものが、1円が0・4クローナ程度に暴落したので、25万クローナの返済に跳ね上がったのである。いくら低金利の円だとしてもクローナが暴落したので、凄まじい為替差損が生じたのである。

こうして、アイスランドは、世界経済・金融危機の勃発によって、通貨の暴落、物価の上昇、住宅バブルの崩壊などで深刻な不況に陥った。アイスランドでは、金融規制緩和・撤廃、資本取引の自由化などで、銀行の資産がGDPの10倍あまりにも達した。日本だと銀行の資産が５００兆円ということになる。

日本の平成金融「恐慌」の時のように、高金利で資金を調達すると、どうしてもリスクの高い、危ないところに投資しなければならない。元本保証の預金を集める銀行は、資産を膨れ上がらせてはいけないので、規制緩和・撤廃というのは、慎重の上にも慎重に行なわなければならない。

そうしないと、中央銀行の金融政策が効かなくなってしまう。事実、インフレ阻止でアイスランドの政策金利は、２００８年10月には、１５・５％まで跳ね上がっていた。

しかし、円建て住宅ローンの金利は４％程度と低金利であった。資本取引の自由化をしたので、外貨ローンは、２００４年１月時点で家計の借り入れの４・５％にすぎなかったのに、08年３月時点ではじつに23％まで急上昇していた。

銀行の銀行である中央銀行の金融政策が、銀行には効かないというのでは、金融システムが崩壊するのは自明の理である。アイスランドの事実上の国家破産はその危険性を劇的に証明した。

アメリカの住宅バブルの絶頂期に、新自由主義的経済政策による金融拡大でアイスランドが幸福度第一位となったが、これは、金融を「虚業」として、それを牽引力として「架空」の経済成長をするもので、文字通り「砂上の楼閣」にすぎなかったことを示している。

アイスランドは、ＥＵへの加盟を表明している。これからユーロを導入して、堅実な経済システムを構築しなければならない。再規制が必要である。

アイスランドは、地熱など再生可能エネルギーで電力需要の約8割を賄う環境先進国である。漁業と観光を振興して生きていくことが求められている。金融システムというのは、その振興のために存在するのであって、金融業で金儲けしようとすると、とんでもないことになる。アイスランドの教訓は、そのことを人々に教えている。

金融規制の強化

1980年代から90年代にかけてユニバーサル・バンク（通常は、銀行業務と証券業務を兼営している）が生命保険業務に参入する動きが活発化した。この事態は、フランスでは、バンクとインシュランスを合わせた合成語であるバンカシュアランスと呼ばれている。

他方、生命保険会社が銀行・証券業務に参入する事態は、前者と区別してアシュルフィナンスと呼ばれている。この銀行・証券業務と生命保険業務の相互参入・融合は、ドイツでは、アルフィナンツと呼ばれている。

たとえば、ドイツの大銀行は、当初、経済構造の変化と顧客の収益志向の強まりによって、それまで主流であった銀行預金が減少し、保険契約、とりわけ貯蓄型の生命保険の拡大という事態に遭遇し、顧客資金の取り戻しや長期資金の安定的確保の為に、自前の生保子会社設立あるいは生保会社との提携などによって、積極的に生命保険業務に参入した。

しかしながら、欧州通貨統合を契機にして、銀行が子会社を設立して直接進出するというよりも、提携によって銀行が金融業務を拡大していくということが主流になった。自前の子会社設立があまり効率的ではなかったからであり、提携によって、銀行が顧客に幅広い金融商品・サービスを提供できるようにする為である。

ヨーロッパでは、銀行・証券・保険という三つの業務のうち二つ以上を手掛ける金融機関は金融コングロマリットと呼ばれている。金融コングロマリットは、アルフィナンツよりも広い概念であるが、銀行・証券・保険のうち二つ以上ということであれば、銀行・証券を兼営するユニバーサル・バンク特有の問題である利益相反の危険性などが依然として残っている。

同時に、質の異なる業務を手掛けることによって、金融機関の経営の健全性が確保されなくなる可能性が出てくる。たとえば、銀行業務の健全性と保険業務の健全性の指標はかなり異なっているからである。この両業務を兼営することで経営のシナジー効果が発揮されるが、逆にリスクが高まる可能性もある。

そこで金融コングロマリットの経営の健全性確保とその計測の為に、EUで「金融コングロマリット指令」が制定された。投資家・預金者保護は金融自由化の大前提なので、監督当局は、金融機関の健全性をモニタリングし、危険信号が灯ったら直ちに経営改善命令を出して是正させることが不可欠だからである。

「金融コングロマリット指令」は、従来の金融監督システム、すなわち銀行、証券、保険などの業態を別々の監督官庁が監督するというのでは、そのうち二つ以上の金融業務を手掛ける金融コングロマリット形態をとる金融グループを、全体として健全性を確保させるのに十分ではないという認識から、金融コングロマリットの補完的監督を定めた指令である。

同指令は、2002年12月に採択され、03年2月に発効した。同指令は、指令制定の目的を前文で次のように述べている。


従来、EUの法体系においては、独立した信用機関、また銀行・投資グループ、投資会社、保険会社、保険グループの一部としての信用機関、そして投資会社や保険会社についての健全性監督に関して、包括的に規定していた。

しかし、金融市場の異なるセクターの金融サービスや金融商品を提供する金融コングロマリットは、信用機関、投資会社、保険会社などによって構成されているが、金融グループ全体として健全性に関する規定が存在しなかった。

とりわけ、コングロマリット・レベルでのリスク集中やソルベンシー、コングロマリット・レベルでのグループ内取引と内部管理プロセス、経営の適正さに関する規定が存在しなかった。

金融コングロマリットの中には、国際金融市場で活動し、グローバルな規模で金融サービスを提供する巨大金融グループも多くあるが、もし、これらの金融コングロマリットはもちろんのこと、金融コングロマリットを構成する信用機関、投資会社、保険会社が経営危機に陥ると、世界の金融システムが極めて不安定なものになるとともに、預金者、投資家、保険契約者に甚大な被害を与える可能性がある。

このような目的で同指令が制定されたが、金融セクターを横断して金融業務を行なう金融グループに対する安定的な監督体制を確立すべく、金融セクター別の法体系と監督体制の不備を補完し、健全性リスクに対処する為に同指令が制定されたのである。

ヨーロッパの金融危機

２００８年世界経済・金融危機は、アメリカが震源地であるといわれている。しかしながら、そうとばかりもいえない。

たしかに、ドイツ銀行やスイスのＵＢＳなどの大銀行は、アメリカの住宅ローン関連金融商品投資の失敗で膨大な損失を被っているが、問題は、アメリカとほぼ同時期に、西欧でも、東欧でも、住宅バブルが発生したことである。

新自由主義的な経済運営を続け、金融肥大化によって経済成長してきたイギリス経済は、住宅バブルが崩壊して深刻な打撃を受けている。

アイルランドやスペイン、イタリアなどは、1999年にそれまでの弱い自国通貨から強いユーロを導入することによって、長期金利がかなり低下した。当然のことながら、住宅ローン金利も下がったので、住宅バブルが発生した。この住宅バブルが崩壊したので、銀行は、膨大な損失を抱えるようになったのである。

市場経済を積極的に導入するとともに、EU加盟を果たしたり、EUとの経済関係を強化したりして、信用力が著しく高まってきた東欧諸国には、膨大な投資資金が流入するようになった。この資金が産業基盤や生活基盤など、健全な経済運営のために投入されればよかったのであるが、手っ取り早く利益を上げようとして、住宅ローンとして投下された。

東欧に融資を拡大したのが、とりわけ地理的に近いオーストリアの銀行である。バルト三国に融資を拡大したのが、これも近くのスウェーデンの銀行である。

IMFは、2009年10月時点でのヨーロッパの金融資本の潜在的損失を約73兆円と推計している。世界経済・金融危機以降、欧米政府による膨大な財政資金の投入、中央銀行の流動性の供給が行なわれているが、この損失は、あまり処理されていない。したがって、ヨーロッパから第二次金融危機が勃発する可能性もある。

こうした世界経済・金融危機の下でEU（欧州連合）の加盟国とユーロ導入国はさらに増えるであろう。この危機は、EU非加盟国やユーロ非導入国の通貨を直撃し、大量に売り込まれたものの、ドルと並ぶ国際通貨ユーロの暴落の危険性は相対的に低いものだったからである。

ポーランドはユーロ導入を決め、国民投票で導入を拒否したデンマークやスウェーデンなども導入に傾いている。世界経済・金融危機でいちはやく「国家破産」の状態に陥ったアイスランドもEU加盟の方向にある。

第五章　世界経済・金融危機と平成大不況第二波

1　平成大不況の第二波

戦後最長の「好景気」の終焉

２００７年夏にサブプライム危機が表面化すると、日本の株価も下落傾向を示したが、08年９月のリーマン・ショックを契機に株価は暴落した。10月23日には、取引途中に日経平均株価は、バブル崩壊以降の最安値６９９４円90銭をつけ、約26年ぶりに７０００円台を割り込んだ。

景気も急速に冷え込み、戦後の最長の好景気であるいざなぎ景気を超えた「アメリカ住宅バブル景気」もついに終焉を迎えることになった。個人消費は冷え込み、企業は、人員整理などを行なっている。

住宅バブル期の好景気は、アメリカの住宅バブルで輸出が激増したことや、アメリカの投資銀行や投資ファンドなどが日本の不動産投資をはじめ、M&Aを積極的に行なったことでもたらされたものであった。

したがって、リーマン・ショックなどのサブプライム危機でアメリカの投資銀行や投資ファンドが資金を引き揚げたことによって、ミニ不動産バブルが崩壊し、不動産価格が下落するという影響を被っている。

それまで日本の金融機関は、２０００年代に入ってから深刻化したデフレへの対処と２００３年の株価暴落によって、凄まじい不良債権処理を迫られた。メガバンクが、不良債権を融資総額の５％以下に抑え、いわゆる不良債権問題を最終的に解決したのはじつに05年3月期決算においてであった。この時すでにアメリカの住宅バブルは絶好調を迎えていた。

メガバンクも十数年にわたる不良債権問題との格闘からようやく開放されて、ほっとしていた時であった。そろそろ、サブプライムローンなど住宅ローン関連金融商品に投資し、金儲けしようとした時には、すでに住宅ブームは変調をきたしていた。

サブプライムローンなどを証券化した金融商品投資に注力した農林中金や投資銀行業務へのシフトを経営方針の中心に据えていたみずほ銀行のようなメガバンクもあるが、公表されている数字が正確であるとすれば、日本の金融機関に世界経済・金融危機の影響が比較的軽微だったのはその為である。

ただし、地方銀行は、そのほとんどが２００５年3月期でも不良債権問題を解決したとはいえなかった。そのためもあって、アメリカの住宅バブルが絶好調で、国際金融市場も隆盛を極め、アメリカの投資銀行も飛ぶ鳥を落とす勢いだったので、地方銀行は、リーマン・ブラザーズの発行した円建て外債、いわゆるサムライ債を我先にと購入した。当時、世界で最も幸福度の高い国と国連からお墨付きをもらったアイスランドの銀行のサムライ債も多くの地銀が購入した。

日本の銀行の世界経済・金融危機による損失は少なくないようであるが、欧米の金融機関に比べると損失は、桁違いに軽微だといわれた。

それでも、6大金融・銀行グループの2008年9月期決算では、純利益が前年同期比で58％減少し、3983億円であった。住宅バブル期の06年9月期決算では過去最高の1兆7352億円を記録したが、わずか2年間で四分の一に減少したのである。

日本には、世界に誇る国際競争力の高い製造業が健在である。それにもかかわらず株価が暴落した。急速に円高が進んだこともあって、ますます株価が下落した。これは世界経済・金融危機に影響されたもので、いずれ日本経済は、落ち着きを取り戻すというのが一般的な見方である。

しかしながら、日本経済の行く先はそんなに楽観できないように思われる。というのは、世紀の交代期から深刻化してきたデフレへの対策として、本来採らなければならない政策とまったく逆の政策を遂行してきたからである。

平成大不況の克服策

日本は、20世紀末から21世紀の初頭にかけて深刻なデフレに襲われた。1929年世界恐慌以降、デフレに襲われたのは、工業国ではいまのところ日本だけである。欧米諸国が見舞われることはなかった。

1930年代に世界が金本位制を離脱して、インフレ政策の遂行が可能である状況では、デフレに襲われることは本来ありえない。それでもデフレに陥ったのは、日本の平成大不況という不動産バブル崩壊不況が、まさに世界恐慌に匹敵するものだったということである。

デフレは、明治維新以降の中央集権制、戦後の高度成長の過程で採用されたアメリカに市場を求める外需拡大、高度成長終了後に本格的に導入された公共投資による内需拡大という政治・経済システムの根本的転換を迫るものであった。

しかしながら、中央集権政府は、従前通り、大不況に陥ったらますます巨額の公共投資を行なって景気を浮揚しようとした。政府は数度にわたる経済対策を行なったが、アジア通貨危機が発生して経済が危機的状況に至ると、1998年4月に総合経済対策16兆円、同11月に緊急経済対策として23兆9000億円を投入した。その後も巨額の経済対策が行なわれた。

公共投資は、不動産バブル崩壊不況の深刻化をなんとか抑え込む役割を果たしたにすぎなかった。アメリカでは、1992年あたりから景気に回復基調がみられるようになり、95年になるとドル高政策による株式バブルを演出したので、日本からの輸出が増加し、なんとか不況の悪化を阻止することができた。

輸出の対前年比の伸び率は、1994年に4・6%、95年に4・6%、96年に7・9%、97年に8・8%であった。ただし、アジア通貨危機に影響を受けて98年には一転して3・7%のマイナスとなった。

本来であれば、この不動産バブル崩壊不況期に、中央集権制を廃止して道州制（連邦制）に移行し、地方の活力を引き出して、経済成長の起爆剤にすることが不可欠であった。中央集権制の下で、高級官僚が自らの天下り先確保の為に、膨大な税金が無駄遣いされているからである。200兆円あまりの特別会計を一般会計にして、国会で審議されるようになれば、税金の無駄遣いが激減するであろう。連邦制になれば、地方が自立して行政ができるようになるので、地方経済は活性化するはずである。

さらに、賃金と労働条件の引き上げ、長期有給休暇、福祉充実、年金制度の充実などによる内需拡大型経済成長、アジア共同体結成による市場拡大型経済成長に転換しなければならなかった。中央集権制という政治システム、公共投資主導とアメリカ経済依存という経済システムの根本的転換が必要だった。平成大不況はたんなる循環性の不況ではなく、明治維新以降の政治・経済システムの根本的転換を迫るものだからである。

ところが、２００１年から採用されたのは、経済構造改革という名の下の日本経済の事実上のアメリカ化であった。すなわち、国家の経済への関与を減らし、企業の競争力を強化するとともに、金融システムを自由化して経済を活性化させようとするものであった。だから、株主への配当は、企業の純利益が減少してもさほど下落しなかった。

新自由主義的な経済政策により、好景気を実現したといっても、それは金融肥大化による経済成長であり、あくまで歴史的にみて一時的・例外的だったので、この経済構造改革の帰結が悲惨なものになることは明らかであった。

経済構造改革期は、アメリカの住宅バブル期だったので、対米輸出が増加する時期であった。この時にこそ、歴史上初めての本来の内需拡大型経済成長システムに移行する絶好のチャンスであった。それを経済構造改革ということで、個人消費の増大を完全に否定したので、アメリカの好景気が終結して外需が激減すれば、企業収益が激減し、内需に頼れない日本経済は深刻な不況に見舞われることは明らかである。

経済構造改革は、労働コストを削減して、企業収益を高めて、経済成長を目指すというものであったので非正規雇用者が激増した。失業率が低下したというのもじつは、非正規雇用者激増の帰結であった。失業率は一時５％を超えたが２００７年に３・９％まで低下した。その結果、民間消費はわずかしか伸びなかった。

「改革なくして成長なし」というまやかしに日本国民は惑わされ、多くの人々は淡い期待をよせたが、そのしっぺ返しは凄まじいものとなった。

2008年9月に世界経済・金融危機が爆発すると、ついに日本経済は、平成大不況の第二波に見舞われた。それは、日本経済の根本的な経済システム転換を強制するものである。その意味で平成大不況の第二波というのは、このまま推移すれば、日本経済が崩壊しかねないという「危機」なのである。

平成大不況の第二波

銀行が不良債権処理に追われたので、日本は、世界経済・金融危機の影響をあまり受けなかったといわれている。金融ビッグバンとか経済構造改革とかいわれても、アイスランドのようには、とことん金融規制の緩和・撤廃をしなかったからであろう。

もちろん、メガバンクの一部、2兆円もの証券化商品を持っている系統金融機関、多くの地方銀行と第二地方銀行は、金融危機でかなりの損失を被っている。

世界経済・金融危機の経済的影響は極めて深刻である。それは、労働コスト削減を強力に進めたので、内需を冷え込ませ、外需にのみ経済成長を託したからである。経済・金融危機で外需が激減しているので、景気が著しく低迷するのは当然のことである。

たとえば、アメリカの自動車販売台数のピークは、２０００年の１７４０万台であった。09年には、１０００万台そこそこまで減少した。いずれ１０００万台を切ると思われる。このことは、極論すれば、経済規模がほぼ半分まで下がるということを示している。

アメリカのネット・バブルが始まった頃の１９９７年の名目ＧＤＰは、８兆２５０９億ドルであったが、２００７年には１３兆７４１６億ドルまで増加した。６６・５％のプラスである。住宅バブルが始まった頃の02年の１０兆４１７６億ドルからでも３２・０％増加している。

この分がすべて金融バブルによる「水膨れ需要」とはいえないが、３００兆円くらい世界の需要が減少するかもしれない。その結果、外需主導の日本経済は、極めて深刻な打撃を受けることは間違いない。

日本銀行は、２００９年1月22日に実質ＧＤＰの成長率見通しを、08年度は09年10月時点の０・１％からマイナス１・８％に、09年度は０・６％からマイナス２・０％に、それぞれ大幅に下方修正した。

この予測によれば、統計がさかのぼれる１９５６年度以降で最悪であった平成大不況下98年度のマイナス１・５％を2年連続で下回るという戦後最悪の景気後退ということになる。平成大不況の比ではないのである。

内閣府が２００９年２月16日に発表した08年10〜12月期のＧＤＰ速報によると、物価変動を除いた実質ＧＤＰ（季節調整済み）は前期比でマイナス３・３％、年率換算でマイナス１２・７％と主要国でもっとも急激な落ち込みをみせた。年率換算で二ケタのマイナスは、第一次オイルショックの影響で景気後退を示した74年１〜３月期の１３・１％以来の戦後二度目のことである。２００９年１〜３月期は、実質ＧＤＰ（季節調整済み）は前期比で年率換算マイナス１４・１％とさらに悪化した。

こうした深刻な経済危機であるにもかかわらず、政府は有効な政策を打てなかった。それは、当時の政権の経済政策能力の欠如とともに、２００７年７月の参議院選挙で自民党が敗北し、参議院で与党が過半数を割っていたからである。

それは、「一億中流社会」の崩壊および国家と国民の契約違反（年金問題や後期高齢者問題、耐震強度や食品偽装への責任、農林水産省による事故米混入米のいい加減な検査などなど）の象徴的出来事であるし、格差社会への転換への国民的反発の結果に他ならなかった。

しがって、政権交代が不可欠だということで政局が混迷した。しかし、与党も野党も世界経済・金融危機から脱出する明確なビジョンを提示できていない。たんなる権力闘争に終わっていた。与党にも野党にも「大臣病」にかかった政治家があまりにも多いことが、日本の悲劇である。

そうした中で、２００９年８月30日に行なわれた総選挙で自民党が歴史的大敗を喫し、民主党中心の政権に移行した。しかし、残念ながら、新政権も深刻な経済・金融危機に十分に対応できていない。

ドイツ型資本主義の場合には、国家は労働者・庶民の、アメリカ型の場合には株主・経営者・富裕層の立場に立って経済政策運営を行なってきた。

2005年の日本のいわゆる郵政総選挙では、経済構造改革、すなわち大企業・株主・金持ちの立場に立つ政策が「信認」を得た形になった。小泉元政権は、企業の労働コストを激減させる為に、派遣労働、パート・アルバイトという非正規雇用の採用を広範に認めた。製造業現場にも認めてしまった。

しかも、多くの企業で非正規雇用を担当する部門は、人事部ではない。物品調達部とか資材調達部だという。

大企業によれば、非正規雇用者は「人間」ではなく「モノ」なのである。ここに日本資本主義の「堕落」が典型的に現われている。アメリカだって労働者はコストであるが、「ヒト」として扱っているのではなかろうか。このような思想的堕落を根本的に改めなければ、日本経済に未来はない。

経済構造改革の結果、弱者が容赦なく切り捨てられ、働けど働けど生活保護費以下の賃金しか得られないワーキングプアが続出した。こうして個人消費が激減した。「一億中流」であれば政党は一つでよかった。それでも溜まる国民の不満は、野党が多少議席を伸ばすことではらされた。経済構造改革が、非正規雇用とワーキングプアという新たな「階級」を生み出したので、最大野党に政権奪取の可能性が出てきた。かくして、２００９年8月の総選挙で、日本も二大政党の時代に突入した。ようやく「一億中流」という「社会主義」から「資本主義」に戻ったのであろう。もちろん、民主党中心の政権に、本当に地球環境と労働者・庶民に優しい政策の実行を期待することはできないが。

日本は、これからは徹底した地球環境と調和した経済成長を進まなければならない。その上で、内需の拡大、賃上げ、労働条件の改善、6週間夏季連続有給休暇の法制化、福祉充実、老後安心の年金制度の確立、長期休暇で滞在型休暇による地方の活性化、緑の公共投資（地球環境の保全）などが不可欠である。とくに、日本経済を環境保全型のシステムに大転換していくことが極めて重要である。

しかしながら、戦後、長きにわたって構築してきた外需依存型の経済システムを内需拡大型に転換することは、かなり難しいことである。

したがって、明治維新以来の中央集権制から連邦制（道州制）に移行するとともに、アジア共同体を設立して、地球環境と調和のとれたアジアの経済成長と人々の生活水準の向上を図るために、日本の経済力・資金力・技術力を役立てることが肝要である。そうすれば、日本経済の未来は、ある程度は、明るいものとなるであろう。

2　平成金融不況の第二波

投資銀行業務への進出

２００８年9月に経営破綻したリーマン・ブラザーズは、分割されて、アメリカでのコア事業部門がイギリスの銀行大手バークレイズに、アジア太平洋部門の事業が野村証券に継承されることになった。

リーマン破綻当日、巨額の損失を抱えた米証券3位のメリルリンチは、米銀行2位のバンク・オブ・アメリカに救済合併されることになった。9月22日、三菱ＵＦＪフィナンシャル・グループは、米証券大手モルガン・スタンレーに出資し、普通株式のうち20％を取得すると発表した。

野村証券が継承したリーマン・ブラザーズのアジア太平洋部門の事業部門は、日本企業のアジアでの業務展開に対して、質の高い金融サービスを提供できるかもしれない。しかも、資産などは継承しないので、資産下落による損失は被っていない。

三菱ＵＦＪフィナンシャル・グループが出資するモルガン・スタンレーに、日本企業の国際業務のサポートに役立てようとするのであれば、有効であろうが、もし、日本の銀行が弱かった国際投資銀行業務の強化の為であるとすれば、いささか疑念を持たざるをえない。住宅バブルの崩壊でアメリカ型投資銀行業務モデルが破綻した現在、どれだけの意味があるのだろうか。

２００９年４月には、世界経済・金融危機の中で経営危機に陥りアメリカ政府から36％もの資本注入を受けたシティ・グループが、日興グループを三井住友フィナンシャル・クループに売却することで合意した。

Ｊ－リートの破綻

東京証券取引所に上場する不動産投資信託（Ｊ－リート）であるニューシティ・レジデンス投資法人が２００８年10月に東京地方裁判所に「民事再生法」の適用を申請し、経営破綻した。初めての上場不動産投信の経営破綻である。

Ｊ－リートは、２０００年の「投資信託法」の改正で認められた投資信託である。投資家から集められた資金をビルやマンションなどの不動産に投資して、賃貸料や売却益を配分する投資信託の仕組みである。投資法人が株式会社での株券にあたる不動産投資信託証券を発行し、この証券を証券取引所に上場するというものである。

Ｊ－リートは２００１年にスタートし、不動産バブル崩壊不況の中で、地価の下げ止まりと価格上昇を支えてきた。しかしながら、08年９月のリーマン・ショック以降、不動産市況の悪化や欧米金融資本による資金の大量引き揚げで、東証リート指数は、ピークの07年５月から三分の一以下にまで下落した。

大和生命の経営破綻

2008年10月には、経営不振に陥っていた中堅生命保険会社である大和生命が東京地方裁判所に「民事再生法」の適用を申請し、経営破綻した。生保の経営破綻は、平成金融不況期の7社に続く、8社目である。

2008年度中間決算で110億4300万円の当期赤字に転落し、負債は2695億円で、114億9000万円の債務超過に陥る見込みとなった。債務超過は、最終的に300億円以上に膨れ上がった。

大和生命は、2000年8月に経営破綻した旧大正生命の保険契約を包括移転した旧あざみ生命と02年4月に合併し、それまでの相互会社形態から株式会社に組織変更した。旧大正生命の債務超過分は、生命保険契約者保護機構が資金負担した。

2008年3月末に保険契約者に約束した利回りである保険契約の平均予定利率は、この超低金利のご時世にじつに3・35%であった。したがって、高い利回りの金融商品に投資していた。株式の他に、債務担保証券（CDO）や不動産投資信託（リート）に積極的に投資した。総資産に占める外国証券の比率は、このわずか3年間で26・8%から38・2%へと急増していた。

リスク資産への投資比率は、他の生保よりもかなり高かった。

こうした投資は、アメリカの住宅バブル期には、理想的であった。しかし、機関投資家であれば、リスクをしっかりと考慮して、投資しなければならないことは当然のことである。世界経済・金融危機の顕在化によって、国内外の金融商品価格が暴落していくと、膨大な含み損が発生した。監督官庁である金融庁が大和生命の検査に入ったのは、リーマン・ショックの翌日、2008年9月16日のことであった。

大和生命の業績悪化は、数年前から続き、毎年1万件以上の規模で保険契約が減少していた。こうした業績悪化の中で業績を回復する為に、高利回り金融商品投資を行っていたことを金融庁は把握していたはずである。十分な金融検査・監督が行なわれていれば、破綻を回避できたかもしれない。

大和生命は、2009年6月にアメリカの保険大手プルデンシャルの傘下に入ることになった。結局、保険契約者保険金や給付金が最大で87％減額された。大和生命は、旧大正生命の保険契約を引き継いでおり、旧大正生命からの保険契約者は二度も保険金が減額されることになった。

「改正金融機能強化法」の制定

2008年12月、地域金融機関に公的資金を予防的に注入できるようにする「改正金融機能強化法」が成立した。旧法は、金融機関の合併や再編を目的としていたが、改正法は、金融機関が経営危機に陥る前に十分な資本注入を行ない、中小企業に積極的な融資をさせるのが狙いである。

しかしながら、資本注入した後に、地域経済の悪化が進めば、金融機関の不良債権が増加し、公的資金が無駄になる可能性もある。

1998年以降、「金融安定化法」や「早期健全化法」で地域金融機関に投入された公的資金は約9000億円にも上る。いまだに8銀行・銀行グループの約2300億円が返済されていない。

日本銀行の金融政策

サブプライム危機が顕在化した2008年9月18日、日本銀行、欧州中央銀行、イングランド銀行、カナダ銀行、スイス国立銀行の五つの中央銀行は、アメリカの連邦準備制度理事会（FRB）傘下のニューヨーク地区連邦準備銀行と自国の通貨とドルを売買する「スワップ協定」を締結し、入手したドル資金を、金融危機の沈静化を図る為、自国の短期金融市場に供給すると発表した。

日本銀行は2008年10月31日に、政策金利である無担保コール翌日物の誘導目標を年0・5%から0・2%引き下げて、年0・3%にすることを決定した。金利の引き下げは、量的金融緩和政策を行なった01年3月以来、7年7カ月ぶりのことである。06年3月に量的緩和政策を終了してから日銀は二度金利の引き上げを行なったが、2年7カ月ぶりの政策転換に踏み切った。

日銀は、10月8日に行なわれた欧米6カ国中央銀行の協調利下げには加わらなかった。それは、日銀の見解は、日本の政策金利は極めて低いからという理由であった。ここでは、直前の29日、アメリカのFRBが政策金利の誘導目標を0・5%引き下げて年1・0%に大幅緩和し、世界的な金融緩和の流れにあったことが影響している。

この時には、金融機関が多めに預けた日銀への当座預金に対して、年度末まで年0・1%の利子が付けられることになった。

日銀は、資金調達が難しい金融機関に大量に資金を供給して資金繰りを支援しているが、半面で市場では、資金がだぶつき金融機関間の資金取引金利が日銀の誘導目標を下回る可能性がある。そのため、金融機関が余裕資金を当座預金に預ければ、金利の低下を防ぐことができる。

日本銀行は2008年12月19日に、政策金利である無担保コール翌日物の誘導目標を年0・3%から0・2%引き下げて、年0・1%にすることを決定した。

ここで、企業の発行するコマーシャルペーパー（CP）の買い切りなどの新たな資金繰り支援策も決められ、09年1月から3兆円規模（市場規模は17兆円）での買い取りを始めた。世界経済・

金融危機の影響で、市場では、ＣＰの買い手が減少し、社債とともに十分に発行できない事態が続いていたからである。

２００９年2月3日、日銀は、銀行の保有する株式の買い取りを約4年半ぶりに再開することを決めた。株価が下落する中で、銀行の財務内容の悪化を防止し、企業貸し出しを増やすことを目的としている。

ただし、02〜04年に約2兆円の銀行保有株式を購入した時には、国内銀行の全保有株式は29兆円にも上り、少なからぬ保有株式が不良債権となっていたので、意味があったが、その後、銀行は保有株式を放出し、当時の6割まで減少しているので、買い取りの効果は不透明である。

2月19日、日銀は企業が長期の資金を調達するために発行する社債を9月末までに1兆円（事業法人債の市場規模は44兆円）を上限に買い切ることを決めた。前月に始めたＣＰ買い取りに続く、企業金融の支援策である。

買い切る社債は、償還期間が1年以内、格付けがシングルA以上という比較的信用度の高いもので、3月から入札が行なわれた。企業の社債を引き受けているのは、イギリスのイングランド銀行とアメリカの連邦準備制度理事会（ＦＲＢ）だけである。

3　日本経済のあり方

世界経済・金融危機の教訓

アメリカ（とヨーロッパ）発の経済・金融危機の教訓は、一つめは、日本は、安全でよりいいもの作り国家の再生に向けて全力で邁進しなければならないということである。

金融ビッグバンと経済構造改革で日本経済は、アメリカ型経済・金融システムへの転換を目指した。しかし、マネーゲームが横行し、額に汗してもの作りに励むことを「軽蔑」する風潮すらみられるようになった。

経営危機に陥ったアメリカの自動車会社は、政府に救済融資を要請し、結局、二社も経営破綻した。それは、株主にだけ奉仕する経営システムの限界を示したものであるとともに、いい自動車作りよりも金融業などで金儲けしようとしたことの付けが回ってきた冷厳なる帰結である。

日本経済は、アメリカのように労働者をコストとみるのではなく、会社の重要なパートナーと位置付けなければならない。労働者を大事にしないと、いいもの作りはできないからである。

二つめは、健全な金融システムを構築していかなければならないということである。

現下の世界経済・金融危機と国際商品価格の高騰は、金融システムに内在する機能を極限まで利用した冷厳なる帰結である。世界経済・金融危機は、アメリカ経済だけでなく、世界経済・国際金融市場の崩壊をもたらす危険があり、原油価格の高騰は、世界中の市民生活が大打撃を受けるばかりか、石油を使う企業に凄まじいコスト負担を強いる。

21世紀に突入した現在、諸国民が本当にしあわせになるための経済システムをどうしても作り上げていく必要がある。地球環境に徹底的に配慮し、経済・地域格差が僅少で、安全でいいものを作り、国民に安全な食料を提供し、快適な住空間を確保することなどが必要であろう。

やはり、金融システムは、人々が本当にしあわせになる経済システムを構築することに役立つものでなければならない。あくまでも控えめではあるが、極めて重要な役割である。

世界史の悲劇は、金融セクターが肥大化し、「自立」してきたことにある。したがって、国民に奉仕する経済システム構築の為に、本来の信用創造をフルに稼動させることが肝要である。経済活動の効率化の為には、ある程度必要であろうが、金融の自由化、規制緩和・撤廃一辺倒ではなく、再規制も不可欠だろう。

三つめは、アメリカ型の新自由主義的経済政策による経済成長モデルが破綻した現在、日本はアメリカ依存から、アジア共同体の方向にシフトしていくことが肝要だということである。

アジア共同体が構築できれば、アメリカは、そう簡単に世界から無価値の「紙」幣ドルで消費財を買うことができなくなる。アジア共同体は、アジアの人々の生活水準の向上の為に、地球環境と調和のとれた経済成長を迫られるので、アメリカの消費者の為に、減価することが確実なドルで売ろうとはしなくなるであろう。

アメリカは、第二次大戦後、初めて安全でいいものを作る為に汗を流さなければならなくなる。そうしないと、国民に消費財を提供できないからである。

株主資本主義も放棄せざるをえなくなる。会社は、労働者・従業員のものでもあるという考え方で経済運営をしないと、いいものは作れない。労働者・従業員が親身になって生産することで、初めて安全でいいものができるからである。

そうすれば、アメリカは、膨大な国家予算を軍事技術開発に投入できなくなる。安全でいいものを作るためには、十分な研究開発費が必要だからである。

こうして、金融肥大化による経済成長が破綻した現在、アメリカもあくなき軍事開発を放棄し、平和で地球環境と調和のとれた経済成長を志向するようになる。歴史上初めて、平和で本当に豊かな世界が地球上に登場するであろう。

連邦制（道州制）への移行

あたかも「重商主義」のように、国家が経済に全面的に介入し、経済成長を促進するという時代は終わった。経済活動という点に関しては、本当の意味で「小さな連邦政府」を実現しなければならない。

高級官僚の天下りのために存在する特殊法人・公益法人が多いが、その多くを廃止しなければならない。中央政府があまりにも強い権限を持っているのは、明治以来、中央集権制を採ってきたからである。経済を強権的に、急速に発展させる近代化の時代にはある程度は合理的であったが、経済システムが「成熟」段階に至った現状の日本にはまったくそぐわない。

そろそろ中央集権制を廃止し、連邦制（道州制）に移行したほうがいいと思われる。ただし、いままで自民党政権が推進してきた道州制は、政府の責任を放棄して、財源はほとんど移譲しないのに、責任だけ地方に押し付けようとするものなので、決して好ましいものではない。

連邦政府の行なう行政は、外交・外国為替政策、国防・軍事、司法、各道州の調整、国際的・国内的な環境行政、経済政策と金融政策などに限定される。

各道州は住民サービスの他、教育、経済振興、地球環境政策・都市政策、農林漁業政策、いい街作り、などなどを行なう。権限は分権ではなく分割である。財源も連邦税と道州税・市町村税できちっと分ける。そうすれば、各地でさまざまな地域振興のアイデアが出てくる。

いろんなことができるようになると、それによって、さまざまな地場産業が勃興し、経済活動も活性化する。ＩＴ革命が進展すると、地方から世界的企業が生まれることもあながち夢ではなくなる。

地球環境政策や都市政策も独自に行なうことができるようになるので、美しくて住みやすい街ができる。

連邦制を採れば、ドイツのように、大きくても都市の人口は200万人くらいで、通常は50万人くらいとなるであろう。そうすると過密都市がなくなるので、人々は広々とした敷地に住むことができる。

税制は、化石燃料使用者から多くの税金を取ったりする炭素税・環境税が導入され、また付加価値税による不公平税制の是正が行なわれるとすれば、各道州の財源が増えて、いろいろ独自の活動ができるようになる。

現状の900兆円あまりの国・地方の債務残高は、たとえば永久国債、イギリスではこれをコンソル国債というが、これを発行して、利払いだけを行なえばいい。景気がよくなったりして税収が増えたら、少しずつ償還していけばよい。

連邦制に移行することで、現在よりは、税金の無駄遣いがなくなり、行政が効率的になり、産業振興も進むと思われる。

富国強兵や「経済大国」になる為に、中央官庁主導で経済を成長させる時代は終了した。いままでは、国家「戦略」に貢献した中央官庁のキャリア官僚に報いる為、天下り先が確保された。この天下り先に膨大な国家資金・税金が投入された。これを止めれば、地球環境の保全と福祉の充実に多くの財源を回すことができ、内需拡大型の経済成長もある程度は可能となるだろう。

しかしながら、いくら連邦制（道州制）に移行したとしても、人々の生活水準は確実に低下する。海外に輸出してきた外需の分だけ生産が減少するからである。そうなると選択すべき道は二つしかない。

一つは、土地を国有化して、国民に安く貸し出すことである。国民は、その土地で野菜を作り、減少した所得を補うという道である。自然に親しんで生活するということになるであろう。土地を国有化して地代がなくなれば、財やサービスの価格が下がる。とくに都市部ではそうである。

しかしながら、世界的にみても高い生活水準を享受してきた日本国民が、このようなことを甘んじて受け入れるとは想定しづらい。というより、私有財産権を認めている「憲法」を改正しなければならないので、現状では不可能である。

とすれば、戦後の農地解放のように、国家が土地を買い取るという方法を採ることになる。「秩禄公債」のようなものを発行して、1年間に二十分の一とか十分の一だけ現金化できるようにすれば、かなりの需要が出てくるので、経済が成長するかもしれない。経済成長で、税収が増えれば、「秩禄公債」の償還原資ができる。これも現状では机上の空論である。

したがって、今までのように、アメリカと一蓮托生で生きるという選択肢もあるが、アジア共同体結成に向かったほうが、現状の日本国民の生活水準の維持ということもさることながら、地球環境保全という観点から極めて好ましいと思われる。これがもう一つの道である。

第六章　地球環境危機循環とアジア共同体

1　経済循環・戦争循環と環境危機循環

経済危機循環

２００８年世界経済・金融危機の本質を明らかにする場合、それを資本主義における景気循環の一環として捉えるというよりも、数多くある景気循環の中でも数度しかない質的な大転換を迫る大不況であると捉える必要があるだろう。

そのように捉えなければ、世界金融危機により勃発した世界経済危機というのは、人類史上、最悪の経済危機であるとみることもできなくなってしまう。

資本主義の変質を迫る最初の大不況（大恐慌）は19紀末大不況であった。19世紀末大不況は、17世紀末に機械制大工業に基づく繊維産業を中心として産業革命を達成したイギリスで主に生じたものであった。

産業革命を経てイギリスは世界の工場となり、イギリスとフランスは世界の市場を制覇したが、この大不況は、資本主義におけるイギリスやフランスの繊維工業段階が「成熟段階」に至ることで勃発したものである。

産業革命がイギリスに半世紀あまり遅れたドイツは、イギリスなどに対して保護貿易を行なって、自国の繊維産業などを育成しながら、19世紀中葉に鉄道建設を中心とする産業革命を達成した。それは、鉄鋼、石炭、金属・機械という重工業が発展する過程でもあった。

イギリスが19世紀末大不況に苦しんでいる時に、ドイツとアメリカも不況に見舞われたが、不況に対処すべく、新しい生産力段階である重化学工業を著しく発展させた。電機のジーメンス、AEG、化学のIGファルベン、自動車のダイムラー社とベンツ社、新たな内燃機関としてディーゼル・エンジンなどが19世紀末に登場した。

資本主義が「平時」に発展したのはここまでである。重化学工業の成立によって、経済危機循環とイギリスの時代が終焉した。

というのは、重化学工業段階に至ると世界戦争が勃発する経済的基盤が確立するとともに、巨大な生産設備から生み出される製品を売りさばく為に、先行したイギリスとフランスなどの植民地などにドイツが参入せざるをえなくなったからである。

第一次大戦は、世界の市場分割戦争であるが、世界を巻き込むようになったのは、重化学工業を生産力基盤とする軍備の質が飛躍的に「高まった」からである。

「戦争循環」への転化

第一次大戦は、高い生産力と限界のある市場の矛盾、すなわち独占資本主義の矛盾の発現であり、ここから資本主義の景気循環は、経済循環から戦争循環に転換した。

ただし、アメリカは、国内に広大な市場を有していたので、列強間の植民地争奪戦に参加する必要はあまりなかった。アメリカ国内のフロンティアを開拓することによって、自ら市場を拡大できたからである。しかし、それも第一次大戦までであった。

第一次大戦で科学・技術は飛躍的に「発展」した。というのは、戦争というのは、勝利する為に、資金と人材の面でも国家の総力を挙げて戦うものだからである。したがって、第一次大戦が終結すると、アメリカでは、本格的なモータリゼーションによって、大量生産・大量消費・大量廃棄という典型的な資本主義的経済成長が実現した。

第一次大戦後がもたらしたもう一つの事態は、敗戦国ドイツが凄まじい賠償負担を迫られたことである。支払い能力のないドイツは、短期資金をアメリカから借り入れて、戦勝国であるイギリスやフランスに支払った。

1929年世界大恐慌は、鉄鋼、機械、化学、電機、自動車など重化学工業の生産力段階に至って、初めて勃発した世界戦争を経て資本主義が成熟段階を迎えた結果として発生したということができる。

１９２９年世界大恐慌は、ドイツでファシズムを生み出したが、ナチス・ドイツは、戦争経済の構築で大恐慌からの離脱を図った。アメリカもニューディールを実行したものの、大恐慌からの痛手から完全に逃れることができたのは第二次大戦に突入してからのことである。

第二次大戦は総力戦であったので、核、ＩＴという新たな技術が開発された。この「科学技術革命」によって資本主義は新たな生産力段階に到達した。

戦後の冷戦も世界戦争なので、科学・技術が飛躍的に「発展」した。

こうして、重化学工業は、18世紀末大不況にその体裁を整え、１９２９年世界大恐慌から第二次大戦期にかけて飛躍的に発展した。

大戦後の冷戦で核、ＩＴ（情報技術）、航空・宇宙、バイオテクノロジーなどハイテク産業が発展していった。この歴史的帰結として勃発したのが２００８年世界経済・金融危機である。すなわち重化学工業から核、ハイテクという、いわば「ニュートン力学」から「量子力学」という質的な発展の帰結である。

世界経済・金融危機がそれまでの二つの大不況（大恐慌）と質的に異なる点は、ＩＴ革命を経て、金融肥大化が極限に到達した帰結として勃発したということにある。それを体現したものがアメリカ型資本主義にほかならない。

したがって、1991年の旧ソ連邦の崩壊による「戦争循環」の終結が先行し、世界経済・金融危機でアメリカ時代が終結したということができる。まさに、新たな資本主義の段階への移行を迫る2008年世界経済・金融危機の勃発である。

地球環境危機循環

2008年世界経済・金融危機は、冷戦が崩壊してまもない1995年にアメリカで遂行されたIT革命とドル高政策による株式バブルと住宅バブルの帰結として勃発した。それは、世界がアメリカの金融セクター主導の経済成長、そのことによる世界的な需要喚起、世界的経済成長という経済成長モデルが崩壊したということを意味している。

歴史上で三度目の大不況（大恐慌）であるから、1929年大恐慌後のように、世界は、ブロック経済と戦争の方向に向かうのではないかということが危惧されている。世界がそのような方向に進むことは、なんとしても回避しなければならない。

第一次大戦までは、資本主義は企業対企業の戦いであり、第一次大戦から冷戦終結までは国家対国家の戦いであった。世界経済・金融危機後は、世界の市民と地球環境の協調の時代に突入するであろう。すなわち、地球環境危機循環の時代であり、アメリカ、ヨーロッパ、アジアの三極の時代の到来である。

経済危機循環と戦争循環における科学・技術の「発展」と生産性の向上で、人類は三つの「過ち」を犯したのではなかろうか。

一つは、資本主義は、自然は「無限」であるという極めて非現実的な前提を置いて、ほんの一握りの工業国が、大量生産・大量消費・大量廃棄による経済成長と高い生活水準を享受してきた。その帰結が地球環境の絶望的なまでに破壊である。

もう一つは、発展途上国の少なからぬ人々が、絶望的な貧困にあえいでいる一方で、工業国の一部の国民の「飽食」による地球環境破壊の被害だけを受けていることである。

三つめは、科学・技術を極限まで「発展」させ、ついに遺伝子組み換えという「神」の領域に踏み込んでしまったことである。

人類は、貧困を克服すると同時に、絶対的な物的豊かさの追求を止めて、地球環境と調和のとれた経済成長を進めていかなければならない。クローン人間が作られる可能性まで出てきた科学・技術開発も慎重に行なわなければならない。

これも徹底的に慎重でなければならないが、地球環境の悪化を止めるための科学・技術開発も不可欠であろう。

地球環境のこれ以上の悪化を防止することが、人類に課せられた歴史的使命である。アメリカも口先だけかもしれないが、オバマ政権はグリーン・ニューディールを推進するという。人類が真剣に取り組まなければ、「神」は、人類を地球上から放逐するかもしれない。まさに人類は環境危機循環に突入した。

アメリカは、新自由主義（市場原理主義）が破綻した現在、真剣に地球環境保全に取り組むことが求められている。いままでのような超絶的な軍事費支出も不要になる。そうすれば、国際世論を無視して行なったイラク侵攻のようなこともできなくなるだろう。

日本は、中国とインドを含むアジア共同体の結成に全力を投入することが必要である。地球環境と調和した経済成長により、アジアの人々の生活水準の向上を図り、平和で本当の意味で豊かなアジアを作り上げていく為に、日本の経済力・資金力・技術力を投入すれば、日本経済も発展していくであろう。

2　経済システムの変革と株式市場

トリプル・ボトムライン

アメリカ型資本主義が破綻した現状において、資本主義をいかにまともなものにするかが問われている。

その際、選択肢として、徹底的に競争原理を機能させて経済を活性化させようとするアメリカ型新自由主義（市場原理主義）と、競争原理を働かせながら、競争の結果として欠如しがちになる社会的公平性・公正さ・透明性を確保する為に、国家が経済にある程度介入するというドイツ型社会的市場経済原理の二つが考えられる。

我々は、アメリカ型システムとドイツ型システムは両立しないので、日本は、アメリカ型ではなく、ドイツ型経済システムを導入すべきであると主張してきた。だが、最近、この二つの類型は、融合可能ではないかと考えるようになってきた。

すなわち、企業行動の基準に、従来の利潤追求だけでなく、地球環境への配慮、社会と人間への配慮というトリプル・ボトムラインを厳格にビルトインさせることができれば、可能ではないかということである。別の観点からみれば、コーポレート・ガンバナンスの質的転化ということができるかもしれない。

いままでの経済学に欠けていたのは、自然の劣化を学問体系に組み込まなかったことであると思われる。資本主義が「発展」してきたのは、企業が自然「使用料」を「ゼロ」とすることで、利潤の絶対額を増加させることができたからである。

自然は「無限」であり、土地使用料である地代と違って、原材料などの生産コストは有料であっても、「消費」コスト、すなわち「使用料」そのものは「ゼロ」であるし、産業廃棄物などを自然に放出しても、とりあえず「コスト」が不要であったからである。

こうして、資本主義は、生産性を上昇させ、「発展」してきた。

資本主義は、重化学工業の段階に至り、大量生産・大量消費とそのメダルの裏側にある大量廃棄によって「発展」してきた。資本主義の「発展」には、初めから地球環境を破壊することが「ビルトイン」されていたのである。

もしも、商品価格に最初から自然「使用料」が入っていれば、商品価格が高いものになっており、消費があまり進まず、経済成長も緩慢なものとなったであろう。これこそ、地球環境に配慮し、労働者に多く配分する経済システムではなかろうか。

このように、人類は資本主義の「発展」にあたって、地球環境へのコスト・自然への負荷コストを「ゼロ」として、物的経済成長を追求してきた。その帰結は深刻な地球環境の破壊である。

企業は、熾烈な競争に勝ち残る為に、利潤量の追求だけを行なってきたので、利潤の「質」ということは、まったく顧慮されることはなかった。本来であれば、資本主義の成立の初期から、自然「使用料」は、たとえば環境税や炭素税という形で、国家が強制的に徴収し、環境保護政策を強力に遂行すべきであっただろう。

しかし、資本主義の成立期には、自然破壊はそれほど深刻なものではなかっただろうし、人類を飢餓の恐怖から最後的に解放すべく、物的な豊かさを追求する時代に突入したので、それは、どだい無理な話だったかもしれない。経済学のすべてが「成長の経済学」であるのはその為であろう。

地球環境破壊が絶望的な段階に至って初めて、ヨーロッパなどでは、環境税や炭素税が導入されている。だが、残念ながら、日本ではまだ導入されていない。オイル・ショックを契機にして、徹底的な省エネ装置の開発と環境保全設備を開発してきたからだろうか。

これからは、企業は、資本主義が成立して以来、たったの一つのボトムライン（バランスシートの最後の項目で、企業活動の重要な基底的動機）であった利潤（利益）の獲得だけでなく、あと二つ（地球環境、広義の社会）付け加えて三つに、すなわちトリプル・ボトムラインの配慮を求められることは間違いない。

しかも、トリプル・ボトムラインということになると、利益というものも、それまでの量ということから、量を不可欠の前提として、それ以上に利益の「質」が徹底的に重視される。トリプル・ボトムラインにおける利益は、地球環境、社会という要因と結び付いているので、必然的にその「質」が要求される。要するに、地球環境への配慮、社会と人間への配慮がコストとして組み込まれた結果として生み出された利益というのは、量だけを追求した結果としての利益とは「質」が異なっているということなのである。

こうして、トリプル・ボトムラインが企業経営の根本に据えられることによって競争原理の機能による企業経営の効率化が図られるとともに、地球環境の保全、経済倫理の確立、労働条件の向上、安全でより質の高い消費財の提供、企業の社会への貢献などが活発に行なわれるようになるであろう。

企業の社会的責任（CSR）

ここで問題となるのは、トリプル・ボトムラインを重視した経営をどのように徹底させるか、より具体的にいうと企業にどのように強制するかということである。

そこで、株式会社における利益追求を株主がとことん要求するようなことが必要となるであろう。とすれば、その際、株式会社制度と株式市場は、現代資本主義を変革する上で、極めて重要な役割を果たすことになると思われる。

株主資本主義は、会社は、「株主だけのもの」であるという考え方を極限まで徹底したものである。ただ、アメリカで全面開花した株主資本主義は、どのような手段を使っても、最大限の利益の量だけを求めるものであって、利益の「質」を問わないことが大問題である。この考え方は、世界経済・金融危機でかなりの修正を迫られている。

古典派経済学の大原則である「他人のことなど考えず、自分の金儲けだけを追求することによって、経済全体が成長する」ということが、企業経営にとことん貫徹されると、経済は深刻な被害を受ける。世界経済・金融危機がそれである。

株主総会で株主によって選任された経営陣（取締役）は、株主に配当を増やす為に、なるべく利益を上げようとするし、そのために、最大のコストである労働コストの削減、すなわち簡単に労働者の解雇やレイオフをする、出来高払い賃金制を徹底する、内部留保をなるべく減らす、製造業の生命線である将来への投資である研究開発費を利益に計上する、などを行なう。

しかも、深刻な問題は、一定期間後に予め決められた株価で自社株を購入することのできる権利であるストック・オプションが経営陣（取締役）に付与されると、経営陣の利益が株主の利害と一致してしまうことである。

アメリカでは、会社の「唯一」の所有者は株主であって、経営陣は株主の使用人にすぎないが、ストック・オプションが大量に付与されると、経営陣は株主と利害が完全に一致し、かつ一体化し、株価を無理やり引き上げる為に、ますます短期的利益の追求に走ってしまう。雇われ人のはずの経営者と労働者の利害が対立する。

アメリカでの「会社は株主だけのもの」という考え方だと、ＰＢＲ（株価純資産倍率）が１以下、すなわち解散価値が株価より多い場合、株式を買占めて会社を清算して、金儲けをするということも行なわれる可能性が出てくる。

会社が潰されたら、罪もない労働者が路頭に迷うではないか、といわれても、適正な株価も形成できない無能な経営陣の下で働く労働者が悪い、さしずめ、彼らの「自己責任」ということになるのだろう。

また、株価が理論価格よりも低ければ、株を買占めて、配当を増やすことを要求するとか、優良遊休資産や潤沢な流動資産を売り払わせ、株価が上昇したところで売却して、金儲けができる。さらに、株式を買占めて相手を脅して、買占め先企業、あるいはホワイトナイト（救済者）に高値で引き取らせてぼろ儲けする、いわゆるグリーンメーラーなども登場する。

このような金儲けの為の巨額の投機資金というのは、世界中の金融資本や富裕層からじつに簡単に集まってくる。日本の株式市場もこのようなマネーゲームという博打場と化した。

株式市場を本来の姿に戻さなければならない。すなわち、巨額の設備投資資金を調達することができて、人々の役に立つような安全でよりいいものを、できればより安く提供し、人々に喜んでもらい、社会の発展に貢献する為の市場である。

そのような企業を応援する為に、広範囲の人々が小額の資金を提供する。その投資資金を流動化する市場として、株式流通市場がある。

株式売買が公正・公平、透明さを持って行なわれるように、さまざまな規制が課せられ、不正を許さない為に、強力な取り締まり機関が設立される。こうして、流動性が高く、効率的な流通市場が整備されることによって、企業は、業務拡大の為の資金を株式市場で調達することができるようになる。

社会的責任投資（ＳＲＩ）

いままで日本では、投資信託などを推進する市場型間接金融ということが声高に叫ばれてきた。こうした中で、株式投資信託という金融商品を活用すれば、日本経済の大変革が可能になるのではないかと考えられる。すなわち、

・利益（財務体質が健全で、より多くの質の高い利益）、
・地球環境（地球環境や生活環境に配慮した経営）、
・社会（企業倫理が高く、労働者に優しい企業、質が高く、安全で、よりよい財・サービスを提供して、しかも社会に貢献する企業）、

というトリプル・ボトムライン（利益・地球環境・社会）をクリアする企業の株式だけを組み込んだ各種の日本経済変革型ＳＲＩ（社会的責任投資）ファンドが広範に販売されるようになれば、日本経済は、質的に著しく向上するであろう。

より根拠があり、より厳格・厳密な、より合理的な基準に基づくＳＲＩファンドが大量に組成され、広範な投資家に購入されるようになれば、このファンドに組み込まれない企業は、社会的に退出を余儀なくされることになる。

日本では、消費者運動がまだ弱いが、これからは、利益の量だけを追求し、地球環境保全と社

会的責任を果たしていない企業に対して、徹底した不買運動が行なわれるようになるだろう。そのような会社の株式を保有している法人や金融機関も、不買運動と株式の売却が行なわれるようになるかもしれない。

2007年6月に食肉偽装業者がいみじくも、「半値などという安値に飛びつく消費者にも責任がある」といったが、この発言を言語道断と切って捨てるのは簡単である。

だが、経営状態の悪い銀行に多額の預金を預けて倒産したら、1000万円までしか保護されないペイオフの時代に至っていることを想起する必要がある。ペイオフが解禁された現在、金利を引き上げて預金を集めるような銀行の経営状態を、しっかりと把握することが必要となっている。同じように、とりわけ人々の口に入るものを生産している業者に対する社会的ガバナンスは不可欠であろう。

こうして、社会的責任を果たさず、日本経済変革型SRIファンドに組み込まれない企業の株式は、誰も購入しなくなる。株式持合いによって、そのような企業の株式を持っている企業も、このSRIファンドから外されてしまう。

株価が低迷する株式をあえて購入する個人投資家もいないだろう。内部留保が多く、理論株価よりも低くなれば、外資あたりが買いに入るかもしれない。ただ、不買運動など社会的制裁が科せられているとすれば、すぐには倒産しないにしても内部留保は、急減するはずである。

結局、日本経済変革型ＳＲＩファンドに組み込まれない企業は、不買運動によって利益が激減するとともに、誰も株式を買ってくれないので、株価が暴落し、増資による資金調達は不可能になる。

こうして、「質」の高い利益の追求には、企業財務の健全性を大前提に、地球環境保全と社会への配慮・貢献、労働条件の向上、高い品質・安全基準の設定と実行、崇高な職業倫理などが不可欠であって、それらを兼ね備えた企業だけが生き残るということになれば、現代資本主義経済は、質的に高い新たな段階に向かうのではなかろうか。

機関投資家の役割

利益・地球環境・社会というトリプル・ボトムラインを企業経営の大原則とする経済・経営システムに一刻も早く移行する必要がある。

そのために、機関投資家の役割が極めて重要であり、社会的責任投資に一刻も早く取り組む必要がある。

イギリスなどでは、政府が法律で機関投資家の投資対象にある程度のＳＲＩファンドを組み込むことを求めている。組み込み状況を報告させるので、どれだけ取り組んでいるかが、明らかになる。積極的に取り組んでいないという機関投資家は、世論の批判を浴びる。

アメリカでもＳＲＩファンドが普及しているが、それは、あくまで市場原理に委ねるというものである。

ヨーロッパでは、政府が積極的に推進している。というのは、ヨーロッパでは、「福祉国家型」経済政策、すなわち「大きな政府」政策の転換が進んでいる中で、従来、政府の果たしてきた役割をある程度、機関投資家に求めているからであるといわれている。

日本でも生命保険資金・年金基金、一応「民営化」されたゆうちょ・かんぽ資金が、上記のようないわば日本経済変革型ＳＲＩファンドを組成して、積極的に購入するのがいいのではないだろうか。

政府・地方自治体が徹底的な歳出削減と無駄遣いをしないかぎりにおいて、新発国債・新発地方債を購入したらいいのではなかろうか。もし、それを怠ったら、既発債も売却すると宣言したほうがいい。日本の財政赤字削減は、待ったなしの状態にあるからである。

生命保険資金・年金基金というのは、将来支払いが必要となる資金である。とすれば、利益・地球環境・社会に配慮した企業は、これからの健全な日本経済を作り上げていくのに不可欠な企業であり、株価も上昇していくはずなので、保有資産としては理想的であろう。

その結果、将来、地球環境に配慮し、良好な住環境が整備され、安全でいいものが供給され、弱者に優しく、経済倫理の確立した、ますますいい社会、暮らしやすい社会が実現する。同時に、投資した株式の価格も上昇しているはずなので、生命保険や年金を受け取る人に多くの利益を配分をすることができる。

郵政三事業は、２００７年10月から民営化された。しかしながら、ゆうちょ銀行とかんぽ生命保険は、ある程度は公的性格を有する庶民金融機関であって、利潤追求を行なう民間金融機関とは、おのずとその性格を異にしている。

したがって、ゆうちょ銀行の顧客に日本経済変革型ＳＲＩファンドの積極的な購入を勧め、ゆうちょ・かんぽ資金の運用は、このファンドへの投資とこれら株式に積極的に投資していけばいいであろう。

こうして、日本の企業についての監査能力、政府や地方自治体の財政への審査能力も向上する。国民やマスコミによる企業や政府・地方自治体への監視の目が厳しいものになる。その結果、より健全な日本の政治・経済システムが歴史上初めて登場するだろう。

3　アジア共同体結成に向けて

50億人市場の登場

第二次大戦後の世界経済は、欧米・日本など工業国を中心とする10億人市場であったといえるだろう。アメリカは第二次大戦後、金に「擬制」したドルを世界にばら撒いて、需要を喚起して世界資本主義の高度成長を達成した。欧米・日本など10億人程度の市場を対象とする生産システムであった。

それが可能となったのは、資源国から原材料を「収奪」することできたからである。

１９９０年代初頭に冷戦が終結すると、世界資本主義の経済成長が終了し、いよいよアメリカの新自由主義が猛威をふるうようになった。その必然的帰結として、資源国・農業国、新興諸国が台頭してきた。

工業国から資源国・農業国や新興諸国に、以前と比べれば、はるかに「適正」な原材料価格・資源価格・賃金で、膨大な資金の「移転」が行なわれるようになってきている。

いままでは、工業国は、10億人の市場を対象とする経済活動を展開してきた。したがって、工業国は、10億人の消費者向けに、高付加価値の高価格商品の開発競争にしのぎを削ってきた。

高品質（安全で高性能）・高機能・高価格製品の工業国への提供が日本のもの作りの「お家芸」であって、世界には、ほとんど競争相手はいなかったので、日本は、２００8年世界経済・金融危機までは、欧米市場向けの外需拡大型の経済成長が可能だったのである。

だからこそ、アメリカの住宅バブル期に、日本経済は、内需拡大型経済システムへの転換と資本主義の構造転換、すなわち50億人市場の台頭をしっかりと見据えて、21世紀の世界戦略を構築する必要があった。

基本的に工業国からの所得移転によって、資源国・農業国や新興諸国の経済が成長するのであれば、一人あたりの経済規模というのは、工業国の数分の一ということになる。とすれば、これからの50億人市場というのは、高品質（安全）・中機能・低価格製品の提供が主流となる。

したがって、これからの日本経済にとって絶対に必要なことは、高品質の中機能・低価格製品を提供するということである。低機能・低価格製品は新興諸国が生産を担うであろう。日本は、高品質で中機能の製品を低価格で世界に提供していくということが求められている。もちろん、中国とインドを含むアジア共同体の結成ということを前提にして。

日本経済がこれからも生き延びていくとすれば、この50億人市場を対象としたいいもの作りに徹しなければならない。日本は、もの作りの哲学を大転換しなければならない。もちろん、安全でいいもの作りの哲学はけっして捨ててはならないが、地球環境と調和した高品質・中機能・低価格製品の製造に、生産システムを急速に転換しなければならない。

問題は、世界では、工業国の10億人、新興諸国・資源国の50億人、そして1日1ドルや2ドル以下で生活している人々が10億人いるということである。これからは、工業国の責任で、この10億人の貧困層の生活水準の向上を図っていかなければならない。同じ地球上の人間として。

アジア共同体の結成

中国は猛烈なスピードで経済成長してきた。うらやましいかぎりであるが、この「高度成長」が大問題である。社会主義市場経済という市場経済を導入して経済を成長させようというものなので、地球環境に配慮して経済成長を進めてくれ、ということ自体に無理がある。

排気ガスや産業廃棄物は凄まじいものがあるし、地下水汲み上げで砂漠化が猛烈な勢いで進んでいる。羊の放牧で草がなくなり、土砂が河川に流れ込んでいる。都市化が進んで緑が消えている。日本まで到達する黄砂がますます増えているのは、このような中国における工業化の帰結である。

したがって、日本は中国(とインド)に環境保護装置の無償援助、砂漠の緑化など環境保護のために全面的に協力する必要がある。それだけだと単なるおせっかいである。共同体を構築することによって、日本経済もある程度は発展できるので、共同体結成に進むべきなのである。

日本、中国、インドを中心とするアジア共同体(AU)結成の必要性は、三カ国の牽制(アジアにおける天下三分の計)である。中国だけだと日本の政治家では、とうてい太刀打ちできない。

世界史の現段階において、中国だけでなくインドに加わってもらうのは、地球環境の保全の為である。日本の経済力・資金力・技術力を使って、世界最先端の環境保護装置を設置してもらうことがどうしても必要だからである。もしそうしなければ、世界だけでなく日本が甚大な被害を受けることになる。

アジア共同体は、アジアの平和と諸国民の生活水準の向上を目標とするものである。すでにEC／EU通貨統合を実現したヨーロッパでは、いずれ欧州連邦が結成されると思う。すでにEC／EUで行なわれているが、この欧州連邦は、主要国とそうでない国の間で富の移転がさらに徹底して行なわれ、相対的に遅れた国の生活水準が向上する。

これもEC／EUがすでに積極的に行なっているが、地球環境保全についても十分に配慮されるであろう。地球環境保全というのは、ある程度、経済力が強化されてから真剣に取り組まれるので、経済力の向上は、地球環境保護対策の大前提である。この欧州連邦には、いずれ東欧やアフリカが入り、ヨーロッパ・アフリカ連邦となるかもしれない。

アジアでは、アジア共同体から通貨統合、そして、アジア連邦の方向に、アメリカは、南北アメリカ連邦という方向で進めば、結局、世界は三大連邦に集約される。こうして、三大連邦が構成されて、それぞれの勢力が均衡していく。

そうすると、経済規模・経済力、大企業の国際競争力、軍事力、軍事技術や科学・技術などの点で、三大連邦間で熾烈な競争が展開される。その結果、冷戦以降、あらゆる面で一人勝ちの様相を呈し、傍若無人に振る舞ってきたアメリカのような行動は許されなくなる。

この三つの連邦が国際間の平和と安全、地球的規模での環境保全、企業間の健全な競争による地球的規模での経済成長と経済の効率化を図る。連邦内での紛争は連邦が可能なかぎり平和裏に解決する。

かくして、21世紀に、平和で本当に豊かな、そして地球環境が保全された世界が人類史上初めて地球上に登場するかもしれない。

著者略歴

相沢　幸悦（あいざわ・こうえつ）

1950年　秋田県生まれ

1978年　法政大学経済学部卒業

1986年　慶應義塾大学大学院経済学研究科博士課程修了

（財）日本証券経済研究所主任研究員

長崎大学経済学部教授を経て

現　在　埼玉大学経済学部教授（経済学博士）

主要著書

『平成大不況―長期化の要因と終息の条件』ミネルヴァ書房、2001年

『現代資本主義の構造改革―危機をいかに克服するか』ミネルヴァ書房、2002年

『日本経済再生論―ドイツの生き方に学ぶ』同文舘出版、2003年

『アメリカ依存経済からの脱却』NHKブックス、2005年

『品位ある資本主義』平凡社新書、2006年

『反市場原理主義の経済学』日本評論社、2006年

『平成金融恐慌史』ミネルヴァ書房、2006年

『現代経済と資本主義の精神―マックス・ウェーバーから現代を読む』時潮社、2007年

世界経済危機をどう見るか

2010年３月25日　第１版第１刷　定　価＝2800円＋税

著　者　相　沢　幸　悦　©

発行人　相　良　景　行

発行所　㈲　時　潮　社

174-0063 東京都板橋区前野町４-62-15

電 話 (03) 5915 - 9046

FAX (03) 5970 - 4030

郵便振替　00190 - 7 - 741179　時潮社

URL http://www.jichosha.jp

E-mail kikaku@jichosha.jp

印刷・相良整版印刷　製本・武蔵製本

乱丁本・落丁本はお取り替えします。

ISBN978-4-7888-0645-0